Hongkong & Macao

Das Beste von Ost und West – zwei ehemalige Kolonien auf neuen Wegen

Liebe Leserin, lieber Leser,

Hongkong ist eine Stadt voller Tempo und Energie. Hochhäuser, die keine 20 Jahre alt sind, werden abgerissen, um noch höhere an ihre Stelle zu bauen. Einst machten chinesische Flüchtlinge durch ihren Einsatz die britische Kronkolonie zur Wirtschafts- und Finanzmetropole. Heute, als Sonderverwaltungszone des alten Vater- und neuen Mutterlandes China, fürchten manche, Hongkong könnte neben der Übermacht des aufstrebenden Riesenreiches an Einfluss verlieren. Doch allzu großer Pessimismus liegt nicht im Charakter der Stadt. Hongkonger sind Geschäftsleute: flexibel genug, sich auf neue Gegebenheiten einzustellen, und vor allem pragmatisch. Im Tempel lässt man sich die Zukunft schon mal für Freunde und Familie gleich mit vorhersagen – so sparen die anderen den Weg und die Zeit. Und Zeit ist schließlich Geld.

Traditionelles Ritual vor der Skyline: Der Tanz des chinesischen Drachen verspricht Glück, Gesundheit und Erfolg

Die kleine Schwester Macao, bis 1999 portugiesische Kolonie, wirkt dagegen beschaulich – obwohl auch dort die Geschäfte boomen. In den kommenden Jahren soll die Inselgruppe groß herauskommen: als Asiens neues Las Vegas.

Der Großstadthektik zu entfliehen ist einfach: Es reicht ein Besuch in den New Territories oder auf einer der 234 Inseln, die Hongkong Island umkränzen. Stundenlang kann man hier durch grandiose Natur wandern, ohne einen Menschen zu treffen – keine Autostunde von Central entfernt. Wem selbst das zu weit ist, der fährt mit der musealen Standseilbahn hinauf auf den Victoria Peak und sieht von dort, wie grüne Wildnis an eine gleißende Skyline stößt. Hongkong, das wird jedem hier oben klar, gleich ob man es nun eine chinesische, eine westliche oder eine internationale Stadt nennen will, wird immer einzigartig bleiben.

Viel Spaß beim Lesen wünscht Ihr

Andreas Hallaschka
MERIAN-Chefredakteur

>> Mehr MERIAN im Internet: www.merian.de

DEN FABRIKALLTAG im Perlflussdelta erfuhren Autor Janis Vougioukas (r.) und Fotograf Grischa Rüschendorf, als sie Li Xiaohua an ihrem Platz am Fließband besuchten Seite 54

PRIVATSPHÄRE ist dem Gourmet Lau Kin Wai (M.) wichtig. Autor Kai Strittmatter (r.) und Fotograf Michael Wolf trafen den Erfinder der „Wohnzimmer-Restaurants“ Seite 64

DIE GRÜNE SEITE Hongkongs entdeckte die Reporterin Verena Lugert bei ihrer Wanderung durch die New Territories – und war fasziniert vom scharfen Kontrast zwischen Großstadt und wilder Natur Seite 70

Hongkong & Macao

RUBRIKEN

SEITE 42

DIE NEUE SZENE VON SOHO

trifft sich „South of Hollywood Road“. Die Straße der Antiquitätenhändler gehört zu Hongkongs jüngstem Nightlife-Quartier

MERIAN | Info >> SEITE 106

\>> Titelthemen

SEITE 16

GLÄNZENDE AUSSICHTEN

eröffnet die 7-Millionen-Metropole in der Abenddämmerung. Die Skyline von Hongkong Island fasziniert Touristen genauso wie Alteingesessene, die täglich mit der Fähre den Victoria Harbour queren

SEITE 84

EIN STÜCK EUROPA

in Asien errichteten die Portugiesen in Macao. Chinesen vom Festland kommen heute in Scharen, um die Barockbauten am Largo do Senado zu bewundern – und um ihr Glück im Casino zu suchen

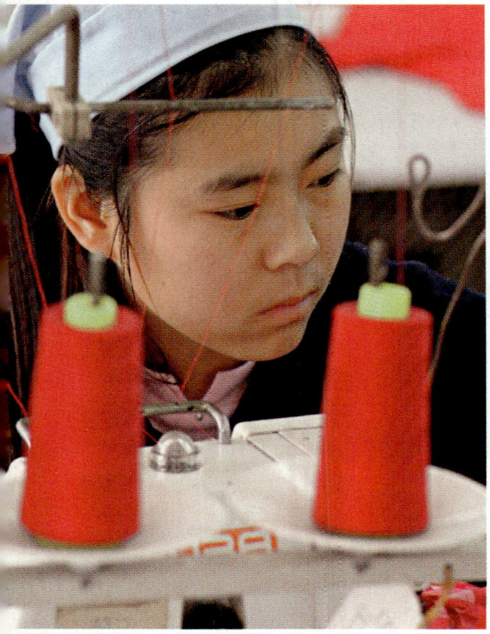

SEITE 54

ARBEIT IM AKKORD

zu Niedriglöhnen treibt die Wirtschaft im Perlflussdelta an: Hongkongs alter Partner wird zum Rivalen

SEITE 70

STILLE AM WASSER

bieten die 234 Inseln rund um Hongkong Island. Wanderer finden hier traumhafte Routen – etwa auf Lamma zwischen den Orten Yung Shue Wan und Sok Kwu Wan

1979

1994

Zwei Ausgaben widmete MERIAN bereits der Kronkolonie Hongkong, das vorliegende Heft ist das erste nach der Übergabe der Stadt an China

Zu beiden Seiten des Victoria Harbour ist die Stadt in die Höhe gewachsen. Die wenigen erhaltenen Kolonialbauten sind heute aus der Luft kaum auszumachen

NEULAND
ZeitSprung

Entsetzt war der britische Lord Palmerston, als er 1842 hörte, was seine Unterhändler den Chinesen abgerungen hatten: „Einen kahlen Felsen mit kaum einer Hütte drauf“, nannte er Hongkong Island. Die Briten bezogen trotzdem Stellung, und bereits um 1900 war die Küste der Insel dicht bebaut. Der Handelsposten am Victoria Harbour wuchs - in welchem Ausmaß, das hätten sich damals aber wohl selbst die optimistischsten Kolonialherren nicht ausgemalt. Landaufschüttungen haben mittlerweile das Hafenbecken verkleinert, um Platz für neue Türme zu schaffen. Ein Bauplatz auf dem „kahlen Felsen“ gehört heute zu den teuersten der Welt.

ENERGIE IM FLUSS
Gutes **Feng Shui**

Basis der Lehre von Feng Shui („Wind und Wasser“) ist die chinesische Naturphilosophie, wonach der Kosmos im Kleinen wie im Großen von der Lebensenergie Chi durchdrungen ist. Gutes Feng Shui soll die Ströme des Chi harmonisieren. Als beim Bau der Hongkonger U-Bahn empfindliche Einschnitte in den Energiefluss bevorstanden, haben sich Mönche bei den Erdgeistern entschuldigt. Wird eine Autobahn oder ein Hochhaus geplant, sind Feng Shui-Experten bei der Vorbereitung dabei. Ihr Einsatz führte auch zum Erfolg, als das Personal der Tageszeitung *South China Morning Post* auf der Damentoilette ständig von Geistern belästigt wurde. Regeln und Wirkung des Feng Shui erklärt der Geomantiker Alex Yu in seinen wöchentlichen Vorträgen: Alex Yu, Flat C, 14/F, Golden Hill Commercial Bldg., 39-41 Argyle Str., Mong Kok, Tel. 27 49 93 77, Do 10.30-11.30 Uhr, Eintritt frei

Wissenschaft von Wind und Wasser: Mit Hilfe eines Feng Shui-Kompasses ermitteln Geomantiker, wie sich Energieströme optimieren lassen

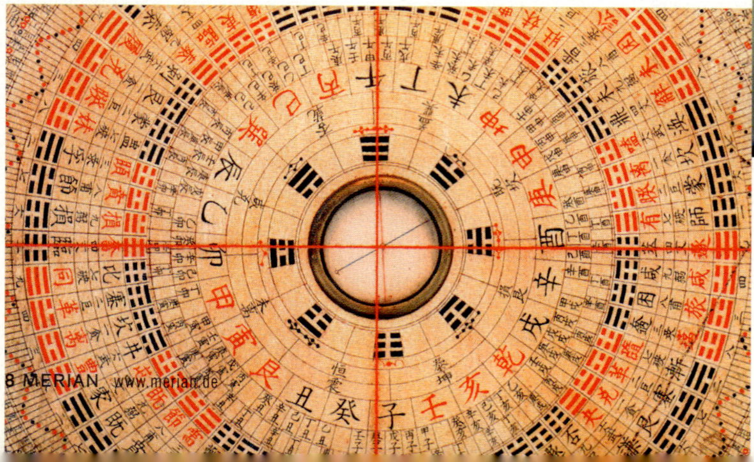

Pilgerkreuz, Roncesvalles, Navarra

WAHRZEICHEN Berühmte **Blüte**

Zwischen November und März steht das Nationalsymbol in voller Blüte: Die Orchidee *Bauhinia blakeana* ziert seit Juli 1997 die Flagge der Sonderverwaltungszone Hongkong. 1908 entdeckten Botaniker die Blume auf Hongkong Island, heute ist sie nicht nur in der Natur zu finden, sondern auch auf Hongkongs Münzen – auf dem Platz, den einst der Kopf der Queen einnahm.

Manu Melwani (l.) alias Sam's Tailor mit seinem Sohn Roshan

Sam's sieben goldene Regeln für den maßgeschneiderten Anzug

1. Bestehen Sie auf mindestens zwei Anproben.
2. Vorsicht bei „Über Nacht"-Angeboten: Ein guter Anzug kann nicht von einem Tag auf den anderen gefertigt werden, sondern braucht mindestens drei Tage.
3. Nie die Kreditkartennummer angeben und als Anzahlung höchstens 25 Prozent des Preises hinterlegen.
4. Immer um eine doppelte Stoffprobe bitten und diese sowohl beim Schneider als auch beim Kunden an den Vertrag heften.
5. Auf Armlöcher, Knopflöcher und die Hosenumschlagnaht achten! Sind diese Partien sauber genäht, ist das ein Indiz für hochwertige Verarbeitung.
6. Im Vorfeld verabreden, was passiert, wenn der Anzug nicht sitzt! Wird nachgearbeitet oder die Anzahlung zurückgezahlt?
7. Nicht zu viel sparen wollen! Faustregel: Ein maßgeschneiderter Anzug in Hongkong kostet etwa so viel wie einer von der Stange in Deutschland.

GUTER STOFF **Schneider** mit Starkundschaft

Vor ihm stehen die Großen der Welt nackt und bloß. Er weiß genau, wie lang die Beine von George Bush sind und wie dick der Bauch von Pavarotti. Würde er aber nie verraten, denn der Inder Manu Melwani, 58, alias Sam's Tailor, ist diskret. Das muss ein guter Schneider sein, sagt er. Was ihn aber nicht daran hindert, sein kleines Geschäft mit Fotos der Kunden zu tapezieren. An den Wänden hängen Bilder von Gerhard Schröder, Nelson Mandela, Prinz Charles und Dutzenden anderer. Jeder Schneider, der bei Sam's anfängt, muss sieben Jahre lang nur Knopflöcher und Säume nähen, danach wird er – vielleicht – befördert, darf Hosen oder gar Jacketts fertigen. Auch der Tourist kann sich bei Sam einkleiden, vorausgesetzt, er hat genug Zeit. Ein guter Anzug, sagt der Meister, braucht mindestens drei Tage. **Sam's Tailor, 92-94 Nathan Rd, Tsim Sha Tsui, Tel. 23 67 94 23, www.samstailor.com**

HONGKONG SEVENS **Rugby**-Party

Mehr als 50 hochklassige Rugby-Partien in 72 Stunden, 40 000 frenetisch feiernde Fans im Hongkong-Stadion und 200 000 Liter Bier – das ist in Kürze die Bilanz der „Credit Suisse First Boston Hong Kong Sevens", dem größten Sportereignis der Stadt. Traditionell gehören die siebenköpfigen Teams aus Fiji, Australien und Neuseeland zu den Stars des alljährlich im März stattfindenden Wettbewerbs, doch egal wer gewinnt, die Party nach dem Turnier findet auf jeden Fall statt.

DER NEUE PEUGEOT 407 SW.
AB JETZT GIBT ES MEHR ZU SEHEN.
407 SW
www.peugeot407sw.de Probefahrten und Infoline: 0 18 01/407 407 (€ 0,06/Min.)
9 AIRBAGS
DRUCKSENSOR
XENON
ESP/ASR
FAP-EURO 4
TIPTRONIC®*
AC
Im neuen PEUGEOT 407 SW erfahren Sie das Gefühl von Freiheit und Sicherheit ganz neu. Dank des riesigen Panorama-Glasdachs reisen Sie wie unter freiem Himmel. Und fühlen sich optimal geschützt durch 9 Airbags, ESP und ASR. Im PEUGEOT 407 SW Platinum sorgen zusätzlich Xenonscheinwerfer, Reifendrucksensoren u.v.m. für Sicherheit. Besonders saubere Leistung zeigen die HDi FAP-Dieseltriebwerke mit 6-Gang-Schaltgetriebe und Rußpartikelfilter. Denn sie erfüllen die strenge Euro-4-Norm.
PEUGEOT EMPFIEHLT TOTAL
*System Porsche.
DER NEUE PEUGEOT 407. MEHR AUTOMOBIL.
407 SW
PEUGEOT
Kraftstoffverbrauch kombiniert von 5,6 l/100 km - 6,9 l/100 km. CO2-Emission kombiniert von 148 g/km - 182 g/km.
Die Angaben wurden ermittelt nach den vorgeschriebenen Messverfahren (RL 80/1268/EWG).

BUN-FESTIVAL **Kinder** ganz groß

Jedes Jahr im April haben auf der Insel Cheung Chau die Kleinsten ihren großen Auftritt. Festlich gekleidet und geschminkt werden Kinder mit Hilfe von raffiniert kaschierten Gerüsten über den Köpfen der Menge hinweg durch die Straßen getragen. Ziel der Prozession ist der Pak-Tai-Tempel, vor dem drei 20 Meter hohe Bambustürme von oben bis unten mit *buns*, süßen Brötchen, bestückt sind. Eine Nacht bleiben sie den Göttern zu Ehren unangetastet, dann werden sie unter den Feiernden verteilt. Wer davon isst, soll von Krankheit und Unglück verschont bleiben.

MEERESEXOTEN **Flipper** in pink

Sie sind selten und für Zoologen ein Rätsel: Nur noch knapp 200 rosa Delfine *(Sousa chinensis)* leben vor der Küste Hongkongs. Woher sie ihre Farbe haben, ist nicht geklärt. Die schlüssigste Theorie: Überdurchschnittlich warmes Wasser lässt die Tiere Blut zum Abkühlen in die äußeren Körperregionen pumpen, wo es rosa durch die Haut scheint. Die Organisation „Dolphinwatch" veranstaltet dreimal pro Woche Touren zu den Delfinrevieren (**www.hkdolphinwatch.com**).

BALANCEAKT **Bauen** mit Bambus

Keine Schrauben, keine Stahlträger sichern Hongkongs Hochbaustellen. Stattdessen: biegsame Bambusstangen, von Hand mit Plastikbändern zusammengeknotet. Selbst Türme von 80 und mehr Etagen wachsen mit Hilfe der Holzgerüste in die Höhe. Jede Bambusstange ist circa 10 Zentimeter dick, diagonale Streben geben zusätzlichen Halt. Sicherer als europäische Metallgerüste sind die Konstruktionen zwar nicht, dafür aber billiger und doppelt so schnell aufzubauen. Für die Arbeit auf dem wankenden Holz haben die Bauarbeiter ihre eigenen Tricks. Der wichtigste: nur auf einem Bein stehen, das andere um eine senkrecht verlaufende Stange winden und die Arme frei beweglich halten. Wirkt akrobatisch, gibt aber Sicherheit.

ZAHLENSPIEL

75 000 000 000
Hongkong-Dollar kostete der Bau des internationalen Flughafens auf der Insel Lantau

720 000 000
Hongkong-Dollar werden an einem durchschnittlichen Renntag auf der Pferderennbahn von Happy Valley umgesetzt

6 200 000
Mobilfunkanschlüsse gibt es in der 7-Millionen-Einwohner-Stadt

2 100 000
Menschen benutzen täglich die Hongkonger U-Bahn

120 000
Autos passieren am Tag den Cross-Harbour Tunnel zwischen Kowloon und Hongkong Island

80 000
Glühbirnen bringen die weltgrößte Leuchtreklame mit einer Fläche von über 7000 Quadratmetern in Tsim Sha Tsui East zum Strahlen

6 300
Menschen leben durchschnittlich in Hongkong auf einem Quadratkilometer Fläche

958
Meter hoch ist der Tai Mo Shan, der höchste Berg Hongkongs

95
Prozent der Hongkonger sind chinesischer Abstammung

13
Schiffe gehören zur Flotte der Star Ferrys

PALCOSCENICO SICILIA

Ereignisse in Sizilien

Die Freude zu haben …
… die Freude Sie zu haben

Die Herbstveranstaltungen, die wir gerade hinter uns gelassen haben, duften noch nach Europa. **Die Bühne Sizilien** hat auch diesmal ein großartiges Schaufenster geboten, in dem **Kultur, Kunst, Gastronomie und Geschichte** sich perfekt untereinander gemischt haben.

San Vito Lo Capo in der Provinz von Trapani beherbergte das **Couscous-Fest,** bei dem dieses köstliche Gericht arabischen Ursprungs gefeiert wurde, das mit seinen einfachen Zutaten in vielen Teilen der Welt zubereitet wird. Und hier in dieser sizilianischen Küstenstadt trafen sich Meisterköche aus allen Kontinenten, die sich gegenseitig mit ihren eigenen besonderen Couscous-Kreationen herausforderten. In Palermo führten hingegen **drei Sport-und eine Gesangsveranstaltung** Athleten, Sportfans und Musikliebhaber aus ganz Europa zusammen. Die **Internationalen Tennismeisterschaften von Sizilien** und dann das bedeutende Springturnier brachten Hunderte internationaler Sportler nach Sizilien. Dasselbe gilt für den **Marathonlauf von Palermo.** Der Wettkampf fand auf einer knapp über 40 km langen Strecke entlang der schönsten Straßen der sizilianischen Hauptstadt statt. Die Sportler aus aller Welt haben vor dem beeindruckenden Szenario Palermos um den Sieg gerungen. Weiterhin darf die **Woche der Kirchenmusik** mit ihren außergewöhnlichen Konzerten nicht vergessen werden, die im suggestiven **Dom von Monreale** stattfanden. Eine Gelegenheit, die im Laufe der sieben Programmtage Tausende von Musik- und Kunstliebhabern angezogen hat.

MUSIK SPORT THEATER FOLKLORE RELIGION

Der Monat Dezember wird jedoch nicht dahinter zurückstehen. Weitere **Veranstaltungen und Ereignisse** mit großem Echo in der Öffentlichkeit erwarten Besucher und Touristen. In der Weihnachtszeit sehen sich Sizilien und Schweden **während der Schwedischen Woche** in einer Art Partnerschaft im Namen der **Heiligen Lucia** vereint. Am 13. Dezember wird in Syrakus die Patronin der Stadt, die Heilige Lucia gefeiert. Die Statue zieht in einer Prozession, gefolgt von einer königlichen Kutsche mit Pferdegespann und Kutscher in Livree, durch die ganze Stadt. Und auch in Schweden wird am 13. Dezember die Heilige Lucia durch alte Wikingertraditionen gefeiert, mit denen die Wintersonnwende begangen wurde.

Zum Anlass der Schwedischen Woche kommt eine **Lucia aus Schweden** in Sizilien an, ein Mädchen, das dazu auserwählt wurde, die Heilige darzustellen. Eine Delegation aus Syrakus reist ihrerseits nach Schweden, wo **Ausstellungen, Weihnachtskrippen, Kunst-und Folkloreveranstaltungen und Konzerte** organisiert werden.

Am 24. und 25. Dezember zeigt sich Sizilien von der besten Seite, um der **Geburt Jesus** zu gedenken: In Agirà, in der Provinz von Enna, und in Custonaci, in der Provinz von Trapani, werden die **lebenden Krippen** in Szene gesetzt. Dabei bringen zahlreiche Darsteller aus den beiden Dörfern zwei Tage lang in biblischen Gewändern das **Geburtsereignis unseres Herrn** auf die

Bühne und verzaubern die Besucher durch das suggestive Klima, das durch ihre Religiosität in der natürlichen Umgebung entsteht. In Custonaci zum Beispiel wird das Krippenbild im Innern der **Grotte Mangiapane** dargestellt.

Die Krippe in Agirà ist hingegen die einzige in Italien, die genau am **Heiligen Abend** ins Leben gerufen wird. Die **Verkündigung durch den Engel,** die **Ankunft von Maria und Josef in Bethlehem,** die **Anbetung durch die Hirten und die Heiligen Drei Könige** – das sind nur einige der Momente, die der Besucher dieser **Naturbühne in Sizilien** bewundern kann.

SIZILIEN
Alles andere liegt im Schatten.

Ein Jahr voller Veranstaltungen auf der aufregendsten Bühne des Mittelmeerraums

Region Sizilien
Assessorat für Fremdenverkehr
Kommunikation und Transport

www.regione.sicilia.it/turismo

Foto: Karl Johaentges

Diese Stadt muss man mit allen Sinnen spüren – die Luft im Victoria Harbour schmecken, die Lichter der Skyline sehen, das Gewirr der Sprachen hören, riechen, wie in den Tempeln der Weihrauch verbrennt. Erst dann lässt sich begreifen, was die Metropole so besonders macht: Sie steckt voller Energie und ruht doch in sich selbst

Hongkong

EINE WELT FÜR SICH

Sieben Minuten braucht die grün-weiße Star Ferry von Kowloon nach Central auf Hongkong Island. Längst verlaufen Tunnel und Schienen unterhalb des Hafenbeckens, doch die Zeit für die Fahrt übers Wasser nehmen sich auch Einheimische gern – nirgends glänzt die Skyline schöner als hier

Steil nach oben fährt die Trambahn auf den Victoria Peak – und das seit 1888. Zu Kolonialzeiten waren die besten Plätze stets für hohe Beamte reserviert, die oben im Grünen herrschaftliche Villen bewohnten. Heute gilt das Staunen der Passagiere den Wolkenkratzern unten im Tal

Pendeln zwischen GROSSSTADT UND DSCHUNGEL

Foto: Andreas Hub

Bambusspiralen verbreiten den Geruch von Sandelholz im Man Mo Tempel. Der Duft soll zu Man und Mo aufsteigen, ersterer gilt als Gott der Literatur und als Patron der Beamten, letzterer als der des Krieges, der auch Polizisten und Pfandleiher schützt

Geschenk
FÜR DIE GÖTTER

Mit Räucherstäbchen, Lampions und Opfergaben aus Papier machen Straßenhändler gute Geschäfte. Gläubige Hongkonger hoffen, die Gottheiten damit milde zu stimmen und bitten um Gesundheit, Erfolg und Glück – auch beim Wetten auf der Pferderennbahn

Fotos: Andreas Hub (links), R.Ian Lloyd (rechts)

Entspan

Foto: Thomas Linkel

„Feng Shui“ steht für „Wind und Wasser“ – und gutes Feng Shui ist den Hongkongern viel wert: In einer Apartmentanlage am Strand von Repulse Bay sparten Architekten sogar ein siebenstöckiges Geviert aus, damit der Atem eines imaginären Drachens auf dem Berg dahinter als Energie frei zum Meer fließen kann

nen mit
WIND UND WASSER

Foto: Walter Hodges

Heller, greller, schneller: Ihren Neonreklamen verdankt die südliche Nathan Road in Kowloon den Beinamen „Golden Mile“. Shops und Malls sind hier längst nicht so edel wie in Central oder Causeway Bay, dafür lässt sich mit indischen Schneidern und windigen Händlern besser feilschen und mehr erleben

Millionenstadt MIT LEUCHTKRAFT

Foto: Monica Gumm/white Star

370 Quadratmeter misst die Peninsula Suite des gleichnamigen Grandhotels. Genug Platz, um Gäste zum privaten Empfang zu bitten – mit Panoramasicht auf Wan Chai und den hell erleuchteten Central Plaza Tower

High Society MIT WEITBLICK

Foto: Gerhard Joeren

Im Handelsraum der zehntgrößten Börse der Welt haben rund 900 Broker ihren festen Platz. Hongkongs Wirtschaftskraft gründet nicht zuletzt auf niedrigen Steuern: Nur gut ein Drittel der Bevölkerung zahlte im Jahr 2002 überhaupt Einkommenssteuer, weniger als 0,3 Prozent den Höchstsatz von 15 Prozent

Konzentration AUF GEWINNE

STOCK NAME
PRICE
SHARE
STOCK NAME
PRICE
SHARE
0020

Strahlend schön präsentiert sich das abendliche Hongkong den Besuchern auf der Terrasse des wuchtigen Peak Tower. Von hier oben bekommt die dicht gedrängte Metropole eine neue Perspektive – und ihr Betrachter das Gefühl, für ein paar Minuten über den Dingen zu stehen

Foto: Thomas Haltner

Hongkongs

DURST NACH FREIHEIT

TEXT: STEPHEN VINES

Ein kleiner Granitstein steht neben dem Tor des Hauses, in dem 150 Jahre lang die britischen Gouverneure ihren Sitz hatten. Er trägt den Schriftzug „Governor's Residence", und als ich ihn das letzte Mal sah, war ein billiger Plastikschlauch um seine untere Hälfte gewunden, der wahrscheinlich dazu benutzt wurde, die Sträucher ringsum zu wässern.

Chris Patten, der letzte Gouverneur von Hongkong, pflegte zu scherzen, sicher werde das Government House nach dem Abzug der Briten in ein „Museum kolonialer Schreckenstaten" verwandelt – doch so weit würden die neuen Herrscher hier nie gehen, auch wenn ihnen der Umgang mit dem kolonialem Erbe ausgesprochenes Unbehagen bereitet.

Der kleine Stein ist die einzige sichtbare Erinnerung daran, dass dieses Gebäude einmal Zentrum des Regierungsapparats der Kolonialmacht war. Während viele andere Zeichen früherer britischer Präsenz ausradiert wurden, blieb er stehen – wahrscheinlich weniger aus Absicht, als weil man ihn einfach übersah.

Hongkongs Regierungschef Tung Chee-hwa scheint unsicher, was er mit dem Bau anfangen soll, im Moment finden hier hauptsächlich langweilige offizielle Empfänge statt. Seine Unsicherheit erstreckt sich auf weit mehr als die Zukunft dieses einzelnen Gebäudes: Seit die Briten Hongkong vor mehr als sieben Jahren an China übergaben, sucht die Stadt nach einer neuen Identität.

Dass Peking die Herrschaft übernahm, hat die Frage längst nicht gelöst. Hongkong lässt sich nicht einfach in eine weitere chinesische Stadt verwandeln – wer andere Städte Chinas wirklich kennt, würde das nie behaupten. Andererseits war Hongkong trotz eineinhalb Jahrhunderten britischer Herrschaft nie auch nur annähernd eine britische Stadt. Die früheren Herren hinterließen keine tiefen Spuren. Sogar die charakteristischen roten Briefkästen mit königlicher Krone wurden inzwischen mit leuchtend grüner Farbe übermalt, womit die augenfälligste Erinnerung an die Zugehörigkeit zu Großbritannien verschwand.

Hongkong ist nicht im entferntesten britisch, doch es ist auch nicht wirklich eine internationale Stadt, wie es die Regierung gern verkündet. Der dünne Anstrich des Kosmopolitismus auf der chinesischen Gesellschaft verblasst rasch, sobald man sich vom Zentrum in die wuchernden neuen Vorstädte an den Rändern der Metropole begibt.

Ich habe ein Büro in Kwun Tong, einem Industriegebiet nah am früheren Flughafen Kai Tek. Noch immer provoziert dort mein Erscheinen in Geschäften und Lokalen leichte Panik, weil die Angestellten annehmen, man müsse Englisch mit mir sprechen, was nur wenige können. Fast alle Aufschriften sind chinesisch, und sogar in dem internationalsten Lokal, einer McDonalds-Filiale, haben auch die Angestellten wenig Ahnung, was da auf dem groß angeschlagenen englischen Menü steht.

Der Kontrast zum Stadtzentrum könnte frappierender nicht sein. In Vierteln wie Central, Admiralty, Wan Chai und Causeway Bay ist Englisch weit verbreitet. Smarte leitende Angestellte streuen englische Sätze in ihre kantonesischen Unterhaltungen, und in den Einkaufszentren reihen sich mehr internationale Designerstores aneinander als ein vernünftiger Mensch sich wünschen kann.

Hongkongs glitzernde Mitte hat kaum Ähnlichkeit mit Städten auf dem chinesischen Festland. Doch den wirklichen Unterschied machen nicht die Gebäude, sondern die Menschen aus. Die überwiegende Mehrheit der Hongkonger ist natürlich chinesisch, aber außer einigen wenigen Familien, die schon hier lebten, bevor die Briten kamen, sind sie Immigranten und Nachfahren von Immigranten; von Flüchtlingen vom Festland, die lieber vor der Tür ihres Landes unter fremder Flagge lebten als in einem System der Unterdrückung.

Wie der verstorbene Zeitungskolumnist Tsang Ki-fan feststellte, schufen die Briten „die einzige chinesische Gesellschaft, die ein Ideal erlebte, das in der Geschichte Chinas nie verwirklicht worden war: Niemand musste Angst vor dem mitternächtlichen Klopfen an der Tür haben."

Die Briten führten Rechtsstaatlichkeit ein und gewährten einen hohen Grad an Freiheit – jedoch kombiniert mit einem geringen Grad an Demokratie. Die Geisteshaltung, die daraus erwuchs, lässt sich schwer auslöschen, wie Hongkongs neue Herren in Peking gerade entdecken. Für den Geschmack der Freiheit hat man im rauen Klima von Zhongnanhai, wo die kommunistische Führung des Landes residiert, kein Verständnis.

Am auffälligsten wurde die Vertrautheit der Hongkonger mit ihrer individuellen Freiheit am 1. Juli 2003, als eine halbe Million Menschen in der Stadt auf die Straße gingen, um gegen ein neues Antisubversionsrecht zu demonstrieren, das die Gesetze Hongkongs denen des Festlands angenähert hätte. Etwa sieben Prozent der Bevölkerung nahmen teil – in Deutschland wären das sechs Millionen Menschen.

Der Protest war so massiv, dass er die Pläne der Regierung auf der Stelle stoppte und bei der Bevölkerung fast über Nacht ein neues und aufregendes Gefühl des Selbstvertrauens schuf, das die Regierung beunruhigt. Die Hongkonger sind sich ihrer freiheitlichen Traditionen bewusst, sie verklagen zum Beispiel oft die Regierung – jenseits der Grenze eine unerhörte Vorstellung. Sie beleben die morgendlichen Radioshows mit heftigen Debatten. Sie wissen, es braucht kein „Tee-Geld", um sicherzustellen, dass Patienten in Krankenhäusern richtig versorgt und Kinder in der Schule fair behandelt werden. Und jetzt fordern sie das Recht, ihre Regierung zu wählen – was die kommunistische Partei ins Herz trifft und ihre obsessive Angst nährt, die Kontrolle nicht nur über die Stadt, sondern das ganze riesige Land zu verlieren.

Wie in den meisten Einwandererstädten arbeiten die Menschen in Hongkong ungeheuer hart. Die Gesellschaft ist in ständiger Bewegung und reagiert leicht über. Meinen ersten Eindruck vom Willen der Hongkonger, gegen alle widrigen Umstände Erfolg zu haben, erhielt ich kurz nachdem ich 1987 hierher gezogen war. Mir fiel auf, dass die Abflughalle des Flughafens ständig voller Kinder war, die sich unbeeindruckt vom Gewühl ringsum über ihre Schulbücher beugten. Ein Freund erklärte mir, dass sie in einem nahen Slum lebten und derart entschlossen waren zu lernen, dass sie in die Abflughalle kamen, um dem Lärm, dem schlechten Licht und der drückenden Hitze ihres überfüllten Zuhauses zu entkommen.

Wenig später vertrieben die Behörden diese Schüler, weil sie um Hongkongs Image fürchteten. Hätten die Bürokraten einen Moment lang nachgedacht, wäre ihnen vielleicht klar geworden, was für eine wunderbare Werbung diese Kinder für eine Stadt waren, die sich rühmt, jedem die Chance zum Aufstieg zu bieten.

Hongkonger verlassen sich am ehesten auf sich selbst, das zeigte sich auch während der Sars-Krise 2003, als die Menschen lieber Gerüchten Glauben schenkten als den offiziellen Regierungsinformationen. Nachdem ein Internetbericht fälschlicherweise behauptet hatte, die Weltgesundheitsorganisation wolle Hongkong zur geschlossenen Stadt erklären, wurden an einem einzigen Tag die Regale der Supermärkte geleert. Es stellte sich allerdings heraus, dass der Bericht von einem Schüler kam, der sich in die Website einer Zeitung eingehackt hatte.

Die Regierung tat hochentrüstet, und Funktionäre schalten die ach so leicht zu beeindruckenden Hongkonger; doch eigentlich musste die Führung bei sich selbst die Schuld suchen. Als sich die Regierung noch weigerte, mitzuteilen, welche Stadtteile am stärksten von der Krankheit betroffen waren, stellten ein paar Privatleute bereits ihre eigene Website ins Netz, auf der sie, eifrig unterstützt von der Bevölkerung, großteils korrekt die wichtigsten Seuchenherde angaben. Die Einwohner beschämten die Regierung und übernahmen am Ende deren Aufgaben selbst.

So etwas passiert in Hongkong öfter; seit der Machtübergabe an China stellt sich jedoch die Frage, inwieweit die neuen Herren auch weitergehenden politischen Wandel dulden

Ein Land, ZWEI SYSTEME

Als am **30. Juni 1997** um kurz vor zwölf vor dem zu Tränen gerührten Prinz Charles der Union Jack eingerollt und die chinesische Flagge gehisst wird, sind die gesetzlichen Grundlagen für die Zukunft Hongkongs längst besiegelt. Bereits Ende 1984 hatten Margaret Thatcher und Deng Xiaoping die „Sino-British Joint Declaration“ unterschrieben. Die Erklärung schreibt Honkongs Status als Sonderverwaltungszone – **Special Administrative Region** (SAR) – fest. Bis zum Jahr 2047 wird der ehemaligen Kolonie ein hoher Grad an Autonomie zugestanden, basierend auf dem Prinzip „Ein Land, zwei Systeme“. Das Wirtschafts-, Verwaltungs- und Rechtssystem soll 50 Jahre unverändert, die Grenzen zu China mit allen Einreisebestimmungen erhalten bleiben. Hongkong darf seine Flagge neben der chinesischen hissen und eigene Sportteams unter dem Namen „Hongkong, China“ trainieren. Die Joint Declaration schreibt auch die Erhaltung von Grundrechten wie Versammlungs-, Rede-, Presse-, Glaubens- und Reisefreiheit fest. Für die Außen- und Sicherheitspolitik zeichnet aber die VR China verantwortlich. Peking darf allerdings nur bei Gefährdung der öffentlichen Ordnung oder der nationalen Sicherheit in die Belange der SAR eingreifen.
Die Regierung Hongkongs mit einem „Chief Executive“ an der Spitze ist im Verhältnis zur Zentrale in Peking einer chinesischen Provinz vergleichbar, die (vorgesehene) **Autonomie Hongkongs** ist jedoch deutlich größer. Allerdings wurden die demokratischen Zugeständnisse des letzten britischen Gouverneurs von Hongkong, Chris Patten, nach der Übergabe rasch wieder aufgehoben. Die Anzahl der Wahlberechtigten für das in freier Wahl zu bestimmende Drittel des Parlaments wurde erheblich reduziert. Der Regierungschef – seit Juli 1997 der millionenschwere **Reeder Tung Chee-hwa** - wird von einem 800-köpfigen Wahlkomitee eingesetzt, dessen Mitglieder vom **Nationalen Volkskongress (NVK)** in Peking ernannt werden. Auch die Interpretation der Grundgesetze für die SAR obliegt dem NVK.
In den letzten Jahren kam es immer wieder zu Demonstrationen der Hongkonger Bürger, die ihre demokratischen Freiheiten gefärdet sehen. Große Aufmerksamkeit erlangte im April 2004 der NVK-Beschluss gegen die Einführung demokratischer Wahlen, die in der Joint Declaration in Aussicht gestellt worden waren. *Babett Walter*

werden. Mit wirtschaftlichen Veränderungen haben sie kein Problem; tatsächlich wiederholen sie ständig, Hongkong sei eine „Wirtschaftsstadt“, die Innovation brauche.

Politischen Veränderungen aber stehen sie skeptisch gegenüber. Im hochmodernen Hongkong haben die Bürger weniger Recht, ihre Führer selbst zu bestimmen als die Menschen in Äthiopien oder anderen weniger entwickelten Gesellschaften. Das politische Klima Hongkongs ähnelt einem Dampfkochtopf: Der Siedepunkt ist noch nicht erreicht, aber jeden Augenblick kann es soweit sein, und niemand weiß, ob der Deckel hält, in die Luft geht oder rechtzeitig gehoben wird.

Angeblich denken Hongkonger nur ans Geld und an sich selber, doch dieses eher deprimierende Image trifft längst nicht immer zu. Zum ersten Mal in der Geschichte Hongkongs ist der Großteil der Menschen, die hier leben, auch hier geboren. Sie haben keine andere Heimat, und obwohl es so etwas wie eine Hongkonger Staatsbürgerschaft nicht gibt, identifiziert sich die Mehrheit doch als *heung gong yan*, als „Hongkong-Menschen“. Eine neue Art bürgerlichen Bewusstseins bildet sich heraus, es wurzelt zwar in der chinesischen Identität, jedoch mit einem entscheidenden Unterschied, der sich vor allem negativ definiert: Hongkonger sagen, sie waren nie britisch, und werden nie sein wie die Festlandchinesen. Die Frage der Identität wird wohl ungelöst bleiben, die Bindung an Hongkong aber zweifellos wachsen. In den letzten zehn Jahren ist nicht nur das politische Bewusstsein enorm aufgeblüht, auch andere Formen aktiven Bürgersinns nahmen zu, von Interessengruppen bis zu Wohlfahrtsorganisationen – die Gesellschaft organisiert sich und bezieht Stellung.

Als ich nach Hongkong kam, hatte Großbritannien bereits das Abkommen unterzeichnet, nach dem China wieder die Souveränität über das Territorium erlangen sollte. Die anfängliche Nervosität nach Vertragsabschluss legte sich, als die Wirtschaft boomte. Nur ein paar Jahre später aber, 1989, änderte sich die Stimmung schlagartig, als in Peking Panzer der Volksbefreiungsarmee auf den Platz des Himmlischen Friedens rollten und die Demokratiebewegung niederwalzten. Vor ausländischen Konsulaten formten sich lange Schlangen. Viele Hongkonger aus der Mittelschicht beantragten Visa, um die Stadt zu verlassen. Unternehmen verlegten schnell ihren Sitz auf Offshore-Inseln. Depression machte sich breit.

Aber Menschen vergessen, und die gedrückte Stimmung verflog, als der Tag der Übergabe näher kam und China ohne Unterlass Versprechungen aussandte, es werde den *way of life* der früheren Kronkolonie nicht verändern. Sorge machte vielen Hongkongern, dass ein chinesischer Militärstützpunkt in ihrer Stadt geschaffen werden sollte. Die Erinnerung an Tianmen mochte verblasst sein, ausgelöscht war sie nicht.

Mit diesem Gedanken im Kopf entschied ich, am 1. Juli 1997, dem Tag der chinesischen Machtübernahme, nach Sheung Shui zu fahren, einem Ort zwischen Hongkong und der rauen Grenzstadt Shenzhen, wo die Truppen der neuen Garnison die Grenze überschreiten würden. Ein allzu enthusiastischer Theaterregisseur hätte kein dramatischeres Szenario entwerfen können. Regen peitschte auf die dunklen Straßen, in regelmäßigen Abständen zuckten Blitze am Himmel. Massen von Menschen wogten durch die Straßen, viele schwenkten vom Regen durchnässte chinesische Fahnen. Begeistert hießen sie Pekings Truppen willkommen, die in strammer Haltung auf den offenen Ladeflächen der schaukelnden Militärlastwagen standen.

Der Enthusiasmus war echt, nicht inszeniert. Hongkong wurde wieder mit dem Mutterland vereinigt, die Soldaten symbolisierten den Neubeginn. Vielleicht würden China und Hongkong gemeinsam, trotz aller Sorgen und Ängste, stärker und wohlhabender in das neue Jahrtausend gehen.

Das alles ist längst Vergangenheit. Die schlimmsten Repressionsbefürchtungen haben sich als übertrieben herausgestellt, floriert hat Hongkong jedoch seit der Übergabe ebenfalls nicht. Kaum war Chinas fünfsternige Flagge über dem Territorium gehisst, brach auch schon die asiatische Finanzkrise aus. Darauf folgten eine Reihe verheerender Epidemien, zuerst die Vogelgrippe, danach die Lungenkrankheit Sars, die nicht nur Menschen tötete, sondern auch zahlreiche Firmen in den Konkurs trieb. Nichts davon liegt direkt in Pekings Verantwortung, obwohl der starke Verdacht besteht, dass das offizielle Schweigen über den Sars-Ausbruch auf dem Festland verantwortlich für die schnelle Ausbreitung der Krankheit war.

Die Schuld geben kann man China aber dafür, dass es Hongkong eine erstaunlich inkompetente Regierung aufhalste, angeführt vom ehemaligen Großreeder Tung Chee-hwa. Er ist mittlerweile so unpopulär, dass sogar seine engsten Verbündeten taktvoll auf Distanz gingen.

Die politische Situation ist ziemlich miserabel, die Wirtschaft aber kommt wieder in Schwung, Touristen kehren zurück; Hotels, Restaurants und Geschäfte sind wieder voll. Hongkong lebt in extremen Zyklen. Die Dinge stehen hier nie einfach nur schlecht: sie sind entweder katastrophal oder fantastisch – so jedenfalls nimmt man es wahr.

Immer, wenn ich das Gefühl habe, es sieht schlecht aus in der Stadt, denke ich an den Taxifahrer, der mir erzählte, dass er früher in China Professor war, oder den früheren Verkaufsmanager, der nun als Kellner arbeitet, oder auch an die Frau, die immer meine alten Zeitungen abholte. Was sie alle gemeinsam haben, ist die Entschlossenheit, sich trotz aller Widerstände nicht unterkriegen zu lassen.

Es heißt oft, Hongkong sei eine Stadt der Überlebenden, doch das lässt sich auch von anderen Orten sagen. Der Unterschied ist, dass die Hongkonger die Fähigkeit besitzen, widrige Umstände nicht nur zu meistern, sondern über sie zu triumphieren. Das geschah in dieser Stadt schon viele Male: Es wird wieder passieren. □

Stephen Vines *ist einer der bekanntesten Journalisten Hongkongs und Gastgeber mehrerer Fernsehsendungen. Seit 2003 gibt er das Satiremagazin* Spike *heraus.*
Barbara Baumgartner *übersetzte diesen Text aus dem Englischen, ebenso die Reportage über die Hollywood Road auf Seite 42.*

Auf der Suche NACH DEM EIGENEN WEG

Vergangene Machthaber als Wachsfiguren: Deng Xiaoping und Margaret Thatcher einigten sich schon 1984 über Rückgabe und Zukunft der damaligen Kronkolonie

Die großen Banken der Stadt schrieben schon Geschichte, als Hongkong noch ein unscheinbarer Hafen war. Ihre Türme prägen die Skyline und machen klar, was hier mehr zählt als Politik: Profit

Wo das Geld regiert

Foto: R. Ian Lloyd

Selbst der älteste Wolkenkratzer der Stadt, die erste Bank of China (2.v.r.), überragt das hell erleuchtete Parlamentsgebäude des Legislative Council um Längen – ganz zu schweigen von seinen Nachbartürmen: Links sticht die spitzwinklige neue Bank of China in die Höhe, rechts der extravagante, offene Bau der Hong Kong and Shanghai Bank

Foto: Raffaele Celentano

Text: Harald Maass

Die graue Art-déco-Fassade wirkt altmodisch. Zwei Steinlöwen, die früher stolz den Eingang des Hochhauses bewachten, blicken auf den vorbeirasenden Autoverkehr. Etwas vergessen liegt die alte Bank of China heute im Zentrum von Hongkong. 1950, bei seiner Fertigstellung, war das 17 Stockwerke hohe Gebäude das größte und modernste Hochhaus der Kronkolonie, mittlerweile ist es längst in der Skyline aus Glas und Stahl versunken. Dabei war die Bank lange Zeit eines der wichtigsten Gebäude Hongkongs. Von hier aus steuerten Pekings Kommunisten die Geschicke der Stadt mit.

Sommer 1967. Die Kulturrevolution tobt in der Volksrepublik China. Die von Mao Zedong gestarteten Unruhen haben auch die britische Enklave Hongkong erfasst. Jeden Abend versammeln sich tausende Hongkonger vor der Bank of China. In den holzgetäfelten Zimmern residieren, als Reporter der staatlichen Nachrichtenagentur *Xinhua* getarnt, Pekings Diplomaten. Die Fassade des Bankgebäudes gleicht einer riesigen Propagandatafel: „Haltet das rote Banner des Maoismus hoch und schreitet tapfer voran", steht auf einem riesigen roten Transparent. Kommunistische Propagandalieder schallen aus Lautsprechern durch die anliegenden Straßen.

In der Kronkolonie ist die Stimmung aufgeheizt. Arbeitergruppen und Rotgardisten rufen zum Protest gegen die Briten auf. Es kommt zu Straßenschlachten mit der Polizei, Bomben explodieren. Hongkongs Tage als Kolonie scheinen gezählt. In Peking zünden Rotgardisten die britische Vertretung an. In London attackieren chinesische „Diplomaten" mit Äxten die britische Polizei. „Ein rotes Hongkong, vom Boden bis zum Himmel", fordert Pekings Propaganda. Doch die Revolution bleibt aus. Nur wenige Hongkonger unterstützen den Aufstand.

Die Lage beruhigt sich nach einigen Monaten. Die Stimmungsmache aus der Bank of China ist da schon wirkungslos. Um die kommunistische Marschmusik zu übertönen, hat Hongkongs Kolonialregierung gegenüber an der City Hall ebenfalls Lautsprecher anbringen lassen. Statt „Der Osten ist rot" schallt nun „Hello Dolly" durch die Straßen Hongkongs.

Gebaut wurde die Bank of China vom Unternehmen Palmer and Turner, noch heute eines der führenden Architekturbüros der Stadt. Der Gründer der Firma, der Brite William Salway, kam 1868 auf der Durchreise Richtung Australien in die Stadt. Hongkong, der „Duftende Hafen", den England wenige Jahre zuvor im Opiumkrieg den Chinesen abgetrotzt hatte, ist damals ein verschlafenes und mückenverseuchtes Kolonialnest. Nur Ausländer leben in den wenigen Steinhäusern, die meisten Bewohner der Stadt sind Chinesen, die sich als Tagelöhner durchschlagen. „Die Behausungen der chinesischen Arbeiterklasse sind unbequem, dreckig und ungesund", schreibt damals ein Kolonialbeamter.

Salway macht sich selbstständig, sein Büro floriert schnell: 1872 baut er in der Wyndham Street den Deutschen Club. 1883 erhält seine Firma den Auftrag für ein repräsentatives Bankgebäude. Auftraggeber ist die Hong Kong and Shanghai Banking Corporation (HSBC), ein aufstrebendes Geldinstitut, wenige Jahre zuvor von dem Schotten Thomas Sutherland gegründet. Mit Hongkongs Wirtschaftskraft wachsen in den kommenden Jahrzehnten auch die Bankbauten in die Höhe, die Palmer und Turner im Auftrag der HSBC errichten. Die britische Kronkolonie entwickelt sich zu einer fortschrittlichen Stadt, mit elektrisch beleuchteten Straßenlampen, einem Fährdienst zur Halbinsel Kowloon und großzügigen Alleen. 1898 unterzeichnet Peking unter Druck der britischen Kanonenbote einen Pachtvertrag, der weitere Landgebiete, die so genannten New Territories, für 99 Jahre unter britische Verwaltung stellt.

Als Palmer und Turner 1935 den dritten Firmensitz der HSBC bauen, damals das erste Gebäude der Stadt mit Klimaanlage, ist die Bank bereits eines der größten Geldinstitute Asiens. Und ein Symbol für Großbritanniens Kolonialmacht. Das Management ist ausnahmslos westlich. Ehen mit chinesischen Frauen sind den Bankangestellten von der Firmenleitung verboten. Während junge Briten abends in weißen Anzügen an der Wasserfront Kricket spielen, lebt die Mehrheit der Chinesen in Hongkong am Existenzminimum.

Nach der Invasion Japans 1937 in China wird Hongkong für viele zum rettenden Hafen. Hunderttausende Chinesen flüchten in die Enklave. Seuchen und Krankheiten brechen aus. 1941 überrennt Japans Armee auch die wenigen in Hongkong stationierten britischen Soldaten, viele Unternehmer flüchten. Als am Ende des

Der „Duftende Hafen" vor gut 150 Jahren: Keine Türme versperren den Blick auf den Peak, der Seehandel floriert. Noch ahnen die Briten nicht, dass ihre neue Kolonie einmal wirtschaftlich erfolgreicher sein wird als das Mutterland

Zweiten Weltkriegs die Briten die Stadt wieder übernehmen, herrscht in China Bürgerkrieg. 1947 kauft die Bank of China ein Grundstück in Central. Als dann nach drei Jahren Bauzeit das neue Hochhaus eingeweiht wird, herrschen in Peking bereits Maos Kommunisten. Die Bank of China wird zur Staatsbank, ihr Hauptquartier im Zentrum von Hongkong zur inoffiziellen Vertretung der Volksrepublik.

Eine Entwicklung der Gegensätze beginnt: Während Pekings neue Herrscher Industrie und Landwirtschaft verstaatlichen und Maos „Großer Sprung nach vorn" China in eine Hungersnot treibt, floriert im kleinen Hongkong die Privatwirtschaft. Hinterhoffabriken entstehen. Ende der fünfziger Jahre exportiert Hongkong bereits Uhren, Textilien und einfache Elektrogeräte für den Weltmarkt. Immer mehr Chinesen flüchten damals heimlich über die Grenze in die Kolonie und treiben mit ihrem Schweiß und Ehrgeiz die Konjunktur voran.

Zwischen 1945 und 1960 wächst die Bevölkerung von 600 000 auf drei Millionen. 1972 wird der erste Hafentunnel fertig gestellt, er verbindet Hongkong Island mit Kowloon.

Chinas Traum vom Arbeiterparadies endet 1979, drei Jahre nach Maos Tod. In Hongkong nimmt in diesem Jahr die erste U-Bahn den Betrieb auf. In Peking sagt ein kleiner Mann aus Sichuan einen wichtigen Satz: „Reich werden ist ehrenhaft". Mit diesen Worten leitet Deng Xiaoping nicht nur die Öffnung Chinas ein, es beginnt auch eine neue Wachstumsphase für Hongkong. Wegen der billigeren Arbeitskräfte wandern viele Fabriken nach China. Hongkonger Geschäftsleute, deren Familien einst vor den Kommunisten geflüchtet waren, kehren als Investoren nach China zurück.

In den achtziger Jahren wird die Kolonie zur Wirtschaftswunderstadt, zur glitzerndsten Metropole in Asien. Die Pro-Kopf-Wirtschaftsleistung ist höher als in Großbritannien.

1985 bezieht die Hong Kong and Shanghai Bank einen neuen Firmensitz. Das HSBC Building, direkt neben der alten Bank of China gelegen, ist ein Wunderwerk aus Aluminium, Glas und futuristischen Röhren. Mit Baukosten von einer Milliarde Dollar gilt es als das seinerzeit teuerste Bürogebäude der Welt. „Roboter-Bau" nennen es die Hongkonger, weil der Turm des Architekten Norman Foster einer zusammengeschraubten riesigen Maschine gleicht: Rolltreppen und Lifts bieten freien Blick auf Motoren und Kabel, die einzelnen Stockwerke sind an riesigen Stahlträgern aufgehängt. Als Krönung des Hongkonger Pioniergeistes wird das Gebäude bei der Eröffnung gefeiert. Die Tage der Kronkolonie sind da schon gezählt.

Fünf Jahre später sticht ein neuer Wolkenkratzer aus der Skyline heraus. Der 369 Meter hohe Tower der neuen Bank of China überragt Fosters Bau um Längen. Der Stararchitekt I.M. Pei entwarf den 70-Etagen-Turm als Flamme aus Glas und Stahl. Seine Größe und Extravaganz ist Symbol für das veränderte Verhältnis zwischen China und Hongkong.

Anfang der achtziger Jahre hatten Peking und London erstmals Verhandlungen über die Zukunft Hongkongs aufgenommen. Rein rechtlich lief 1997 nur der Pachtvertrag für die New Territories aus. Die Briten erkennen jedoch schnell, dass Hongkong ohne sein Hinterland nicht überlebensfähig ist. 1984 einigen sich London und Peking deshalb auf eine komplette Rückgabe der Kronkolonie. In der Nacht zum 1. Juli 1997 segelt Chris Patten, der letzte Gouverneur Hongkongs, auf der königlichen Yacht Britannia aus dem Victoria Harbour. Zurück bleiben die chinesische Sonderverwaltungszone Hongkong und das vage Versprechen Pekings, die Freiheiten der Stadt 50 Jahre lang zu schützen.

Von der alten zur neuen Bank of China ist es nur ein kurzer Spaziergang. Der Weg führt durch die Schluchten der Wolkenkratzer, vorbei an Luxushotels und mächtigen Bankentürmen. Manager in dunklen Anzügen gehen schnellen Schritts, ihren Frühstückskaffee in der Hand, durch die Glastüren der Bürogebäude. Mehr als sieben Jahre nach dem Abzug der Briten ist Hongkong noch immer eine Insel des Kapitalismus. Doch die Stimmung hat sich verändert. Hongkongs Zeitungen, deren Verlage auf Geschäfte in China hoffen, sind zahmer geworden. Kritiker der Regierung in Peking erhalten häufig kein Visum für Hongkong.

Im Sommer 2003 demonstrieren 500 000 Hongkonger am Jahrestag der Rückgabe Hongkongs an China gegen Pekings Plan, die Freiheiten der Stadt durch neue Sicherheitsgesetze zu beschneiden. Es ist die größte Demonstration in der Geschichte der Stadt. Vor der alten Bank of China ist es diesmal still. An der Fassade hängen keine Transparente, keine Parolen ertönen aus Lautsprechern. Im obersten Stockwerk der Bank residiert der China Club, in dessen Edelrestaurant sich Hongkongs Oberschicht zum Dinner trifft. Man spricht über die Geschäfte in der Volksrepublik. Auf den Tischen stehen alte Mao-Statuen, an den Wänden hängen Propagandaplakate aus der Kulturrevolution – doch das ist heute nur noch Dekoration. □

Harald Maass, *geboren 1970, arbeitet als Korrespondent der* Frankfurter Rundschau *in Peking. Für dieses Heft schrieb er auch die Reportage über Chungking Mansions, Seite 100.*

Rekordhalter vergangener Zeiten: Der Art-déco-Bau der alten Bank of China war 1950 der höchste der Stadt. Demonstrativ errichtete die britische Hong Kong and Shanghai Bank ihr Hauptquartier direkt daneben. Ihr Turm, entworfen von Norman Foster, ließ die alte Bank klein aussehen und galt bei seiner Fertigstellung 1985 als teuerstes Bürogebäude der Welt

Lichtermeer rund um den Victoria Harbour: Dicht an dicht drängen sich die Skyscraper an der Nordseite von Hongkong Island und der gegenüberliegenden Waterfront von Kowloon. Trotz Rezession und immens hoher Grundstückspreise strebt Hongkong weiter nach oben: Der jüngste Turm ist zugleich der höchste. Seit Mitte 2003 erhebt sich der 420 Meter hohe Tower des International Finance Centre 2 (IFC2) auf künstlich aufgeschüttetem Land direkt vor dem Geschäftsviertel Central

AIA AIA
SANYO

Filmreife Szene

Nachtschwärmer und Schatzjäger, Designer und Trödler, Sammler und Stars – sie alle treffen sich rund um di

„Besser leben“ ist die Devise von Designer Douglas Young. Er selbst hat's geschafft, sein Geschäft G.O.D. gehört zu den erfolgreichsten an der Hollywood Road

Text: Stephen McCarty
Fotos: Michael Wolf

Hollywood, das steht für Glamour und Show, Illusion und Intrigen, Stars und Bars. Eine Diva im Neonlicht mit ein bisschen Schmutz unter den Fingernägeln. Vergessen Sie Beverly Hills, wir sind in Hongkong, auf der Hollywood Road. Diese Straße ist ihr ganz eigener Walk of Fame, abwechselnd nobel, geheimnisvoll, unergründlich und heruntergekommen. Gut einen Kilometer lang windet sie sich durch Central Richtung Sheung Wan, steckt voller Überraschungen. Die erste wartet an der Tun Wo Lane, ein

Von frischem Hai bis zur getrockneten Echse: Der Markt auf der Gage Street ist eine Fundgrube, auch Szenegänger essen bisweilen lieber an der Garküche als im In-Bistro

mechanischer Drachen kreuzt hier die Straße, eine überdachte Rolltreppe, die die tieferen Hänge des Peak hinauf- und hinuntergleitet. 800 Meter misst der „Mid-Levels Escalator“ und ist damit der längste mechanische Gehweg der Welt, eine rollende Kette von Treppen, Rampen und Laufbändern. 50 000 Menschen fahren hier pro Tag auf und ab. Gebaut wurde die Rolltreppe vor zehn Jahren, um Hongkongs Verkehrsstaus auszudünnen – eine Mission, die unerfüllt blieb. Dafür hat sich der mechanische Gigant als Filmkulisse etabliert; so groß ist die Nachfrage, dass die Regierung die Nutzung jetzt streng kontrolliert. Dabei ist jede Fahrt mit dem Escalator wie ein eigener Film, nirgendwo lassen sich Menschen besser beobachten als hier, den ganzen Tag ziehen Köpfe und Körper an Fenstern vorbei; die Dahingleitenden sehen auf Straßenmärkte, Hochhäuser, blicken in fremde Wohnungen, fremde Leben.

Manche im Viertel meinen, der Escalator habe die ganze Gegend verwandelt. SoHo, „South of Hollywood Road“,

Milde Gaben für die Toten: Zum Fest der hungrigen Geister werden Speisen und Geschenke an der Aberdeen Street aufgebaut. Auf dass die Verstorbenen den Lebenden ihre Fehler verzeihen

Die längste Rolltreppe der Welt hat das Viertel verändert. 50 000 Menschen

das boomende Nightlife-Quartier, habe sich erst entwickelt, seit die Massen hier automatisch vorüberziehen. In den zur Straße offenen Bars und Lokalen, in Pubs mit schreienden Neonschriften stehen die Partygäste und beobachten die Passagiere auf der Rolltreppe, genau wie umgekehrt.

Jonathan Wattis verfolgt seit Jahren, wie sich seine Straße im üblichen Schwindel erregenden Hongkonger Tempo verwandelt. Der Chef von „Wattis Fine Art" residiert ein paar Treppen hoch, Ecke Hollywood Road und Old Bailey Street und verkauft seit über 15 Jahren alte Landkarten, Fotografien und Reisebücher. „Als wir hierher kamen, fühlte man sich noch wie in einem Dorf", erinnert er sich. „Die Straße war voll mit kleinen Geschäften, draußen spielten die Kinder und Enkel der Inhaber, die entweder hinter dem Laden oder in den nahen Gassen wohnten." Seit damals seien die Mieten um ein Vielfaches gestiegen, für viele kleine Läden sei die Gegend unbezahlbar geworden. Galerien und schicke Restaurants öffneten jetzt hier. „Früher war dies ein chinesisches Viertel, jetzt ist es international. Aber bei dieser Lage – genau zwischen den Bars von SoHo und denen von Lan Kwai Fong – war es klar, dass die Gegend hip werden würde."

Von Anfang an war Hollywood Road keine alltägliche Straße. 1844 wurde sie von britischen Ingenieuren angelegt, nur wenig später nahm hier die Central Police Station mit dem Victoria-Gefängnis am östlichen Ende den Dienst auf. Indische Sikhs taten als erste Polizisten Dienst und hatten ein Auge auf die berühmt-berüchtigten Bordelle im westlichen Stil, die sich am anderen Ende der Straße niedergelassen hatten – und auf deren schärfste Konkurrenz, die chinesischen Freudenhäuser, nur ein paar Blocks entfernt.

Prostitution war aber längst nicht die einzige zwielichtige Branche: Bis heute ist die Hollywood Road Hongkongs Umschlagplatz für Antiquitäten. Die Lager der Händler sind ein riesiges Reservoir von Budget sprengenden Ming- und Qing-Möbeln und billigeren, aber gekonnten Kopien.

Vorwärts im Stillstand: Der Central-Mid-Levels-Escalator trägt Tausende Pendler täglich 800 Meter auf- oder abwärts. Das Besondere: Sie haben Zeit, schauen in Läden, Bars und fremde Leben

gleiten alltäglich über die Hollywood Road, entdecken die Stadt in ständiger Bewegung

Neben Kleiderschränken, Tulpenlampen und mit Bleiarbeit verzierten Glasschirmen, die aus Shanghaier Art-déco-Palästen weggeschafft wurden, finden Interessenten in der Hollywood Road 1000 Jahre alte Tonfiguren, geplündert aus Gräbern rund um Xian. Pferde aus der Han-Dynastie, um 240 n.Chr. entstanden und illegal aus Luoyang exportiert, sind für 12 000 HK-Dollar zu haben. An manchen der buddhistischen Stelen, Pferdeköpfe und Bauernfiguren klebt noch rote chinesische Erde.

Dennoch muss kein Käufer fürchten, dass die Mafia-Gangs der Triaden oder gar die Polizei erstandene Schätze von ihm zurückfordern: Hongkong ist ein Freihafen. Ungezählte chinesische Kunstschätze sind über die Hollywood Road in Privatsammlungen auf der ganzen Welt gelandet. Der Schmuggel ist längst passiert, wenn der potenzielle Kunde in Hongkong den Laden betritt; Sorgen kann ihm höchstens das eigene Gewissen bereiten. Ein eleganter Antiquitäten-Shop bot kürzlich einen eineinhalb Meter hohen

Glas, Stahl und Neon: Markenzeichen nicht nur des Walkways, sondern auch der Pizzeria „San Marzano“ in Lan Kwai Fong

Ming, Tang oder Ramsch: Das Angebot ist groß in den Antik-Shops an der Hollywood-Road – und für Laien schwer zu durchblicken. Stöbern bei Händlern wie Chop Ku Tong lohnt sich dennoch

Für zwielichtigen Handel war Hollywood Road früher bekannt, heute ist hier alles zu haben: Buc

Mao und sein Merchandiser: Tim Fung in der Upper Lascar Row ist auf rotchinesischen Propagandakitsch spezialisiert

Buddha aus Kampferholz für saftige 140 000 HK-Dollar an. Er war zum Teil beschädigt und mit grauem Ton bedeckt, in seinem Kopf steckte ein Nagel, und doch bot er einen beeindruckenden Anblick. 400 Jahre hatte die Figur unter der Erde verbracht, bis sie aus Profitgier ausgegraben und nach Hongkong geschafft wurde. „Meiner Meinung nach ist das völlig in Ordnung", sagte der Verkäufer. „Warum sollte man etwas so Schönes den Menschen nicht zeigen?" – Aber gehören solche Schätze nicht ins Museum? – „Dort haben sie doch schon so viele! Die Regierung weiß, was vorgeht, aber man kann es nicht stoppen – nicht bei den Summen, die dabei im Spiel sind. Solche Statuen werden in Containern gut in der Mitte versteckt. Der Zoll kann nicht überall kontrollieren. Man zahlt ein bisschen was dafür und hat keine Probleme."

Nicht ganz so alt, aber deutlich billiger sind die Dinge, die Li Tat Leung an der Ecke von Hollywood Road und Lyndhurst Terrace anbietet. Sein „Low Price Shop" ist

Wodka-Shooter unterm Sternenhimmel: Samstagnacht drängen sich die Partygänger durch die Gassen von Lan Kwai Fong. SoHo, das nächste Szeneviertel liegt keine fünf Minuten entfernt

has aus geplünderten Gräbern, Drinks bis zum Morgengrauen und Maos Memorabilia

einer der seltenen Ort, in denen Hongkongs jüngere Vergangenheit auflebt: Mao-Figuren und Rote Bücher, Riechfläschchen, sepiafarbene Fotografien, Jadeketten, Münzen, Langspielplatten mit Beethoven, Bach und Händel, Tischlampen und Gedenkmedaillen zu Maos 100. Geburtstag, geprägt von der Demokratischen Liga Wuhan.

Li Tat Leung, den alle John nennen, hat das Geschäft von seinem Vater übernommen, der den Laden vor Jahrzehnten eröffnete. Er verkauft, was er bei Entrümpelungen und Haushaltsauflösungen findet. Vor vier Jahren, der Vater lag auf dem Sterbebett, versprach ihm John, das Geschäft weiter zu führen, zog aus Vancouver zurück nach Honkong, und übernahm den Shop. Er verdiene zu wenig, klagt John. „Ich zahle 30000 HK-Dollar Miete im Monat und verkaufe die Sachen immer noch zum gleichen Preis wie mein Vater – 100 HK-Dollar für die meisten Stücke. Ich liebe Hongkong, aber vielleicht schließe ich den Laden und gehe zurück nach Kanada, da ist das Leben einfacher."

Andere würden Johns Räume nur zu gern übernehmen, denn die Hollywood Road gilt auch als trendiges Shoppingrevier. Junge Designer hoffen hier auf den Durchbruch. Ihr Vorbild: G.O.D., Hongkongs wahrscheinlich schickstes Einrichtungsgeschäft. Der Name soll weder eine höhere Autorität anrufen, noch wollte der Inhaber und Architekt Douglas Young damit sagen, das Design seiner Sofas, Regale und Tischsets sei einfach göttlich, – auch wenn sein Laden seit der Eröffnung 1996 mit beneidenswertem Erfolg gesegnet ist. „G.O.D" klingt ähnlich wie das kantonesische „jo-die", was übersetzt soviel wie „besser leben" bedeutet. „Besser zu leben", sagt Young, sei schließlich „der grundlegende Wunsch von jedem". Und weil die Kundschaft heute „einen ganzen Life-Style" fordere, haben er und seine Kollegen ihr Angebot um eine von Hongkong inspirierte Modelinie erweitert: auf T-Shirts sind Gebäude der Stadt gedruckt, auf Boxershorts Kleinanzeigen aus chinesischen Tageszeitungen.

Je weiter sich die Hollywood Road westwärts zieht, desto mehr wird Lifestyle abgelöst durch das wirkliche Leben. Kleine Shops handeln mit Reis, Soyasoße, Sardinen, Putzmittel und Bürsten. Hinter seinem kleinen Karren verkauft ein Mann, der dem alten Samuel Beckett verblüffend ähnlich sieht, gebratene Fischbällchen ohne Genehmigung und ein paar Schritte weiter verwendet der spärlich behaarte Ladeninhaber in seiner altmodischen weißen Weste selig lächelnd eine Ewigkeit darauf, die genau richtige Cola-Dose für seinen Kunden auszuwählen.

Die westliche Hollywood Road ist das Dorf in der Stadt, eine Gegend mit bröckelndem Charme, die fernöstliche Anmut mit chinesischem Chaos vereint. Zum Beispiel im Man-Mo-Tempel, der den taoistischen Göttern der Literatur (Man) und des Krieges (Mo) geweiht ist. Die verwinkelte, feingliedrige Architektur des 150 Jahre alten Gebäudes fasziniert den Besucher, das Innere ist erfüllt vom stechenden Rauch der Duftspiralen. Lautstark wird gebetet, Glocken läuten, Wahrsager lassen Orakelstäbchen auf den Boden fallen. Einkehr braucht hier keine Ruhe.

Auf dem Bürgersteig draußen ragt ein Friseurladen, der 1950 brandmodern gewesen wäre, aus dem Rücken eines alten Apartmentblocks. Nur eine Falttür und ein Wellblechdach schützt das Innere vor Wind und Regen. Mütter bringen ihre Söhne hierher, beauftragen den Frisör, „kurz im Nacken und an den Seiten" zu schneiden, die Jungen thronen auf Holzbrettern, die der Chef quer über die alten Drehstühle mit der roten Lederpolsterung voller Sprünge gelegt hat. Ein Transistorradio spielt Chinaoper; Cremetuben und Töpfe voller Rasierpinsel füllen die Regale. Platz und Ausstattung sind luxuriös, der Schuster nebenan hat seine Werkstatt in einem abschließbaren Schrank. Ein paar Blocks weiter kreuzt Hollywood Road die Upper Lascar Row, besser bekannt unter dem Namen Cat Street Bazar: ein Flohmarkt unter freiem Himmel, in dem von der ungeöffneten antiken Colaflasche bis zum rotchinesischen Propagandakitsch alles angeboten wird. Feilschen kann anstrengend sein, ist aber Pflicht.

Ruhe findet man ein paar Schritte entfernt, in einem chinesischen Garten mit Lotosteich und Pagoden – allerdings ist alles hier aus Beton: die moderne Variante eines Spielplatzes aus dem Reich der Mitte. In der Nähe des Eingangs verkauft ein kleines Geschäft Turnschuhe, Autos, Zigaretten und Fernseher, alles aus Papier sorgfältig nachgebildet. Diese Opfergaben werden bei Begräbnissen verbrannt, auf dass es den Lieben im Jenseits nicht an den Dingen fehle, die ihnen zu Lebzeiten besonders teuer waren. Eine Illusion vielleicht, aber davon lebt schließlich auch Hollywood. ☐

Stephen McCarty *schreibt für die* South China Morning Post. *Die Hollywood Road schätzt er seit Jahren als Schatztruhe und Flaniermeile gleichermaßen.*
Michael Wolf *lebt als freier Fotograf in Hongkong. Von ihm stammen auch die Fotos der Wohnzimmer-Restaurants, S. 64.*

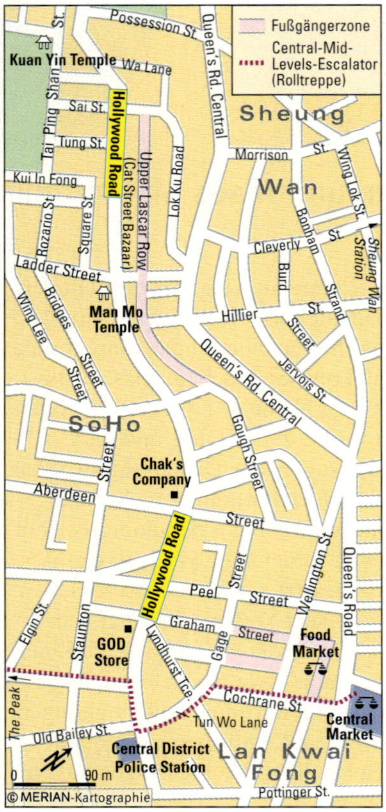

MERIAN | TIPP Antiquitäten-Shopping

„Thermolumineszenz-Analyse", sagt William K.M. Chak. Das sei das einzige Mittel, um sich sicher vor Fälschungen zu schützen. Der Chef von Chak's Company Ltd. ist in Hongkong eine Instanz in Sachen Antiquitäten. Sein Geschäft in der Hollywood Road ist voll gestellt mit Kostbarkeiten aus Gold, Elfenbein und Keramik. „In winzigen Bohrungen", erklärt Chak, „wird Staub aus dem Kunststück entnommen, nach Oxford geschickt und dort untersucht. Bei Erwärmung geben bestimmte Minerale ein Leuchten ab, dessen Intensität Aufschluss auf das Alter der Proben gibt." Dennoch bleibt ein großes Zeitfenster offen: „Zwischen 1500 und 2300 Jahre alt," steht dann beispielsweise in der Expertise, die den Kunden zwischen 4000 und 8000 HK-Dollar kostet und nur bei mindestens 700 Jahre alten Keramiken funktioniert. Ansonsten helfe nur Erfahrung und die Kenntnis der Kunstgeschichte: In der **Song Zeit** (1127-1278) mochte man es weiß-in-weiß, während der **Tang-Dynastie** (618-906) war alles bernsteinfarben, creme und grün. Das Blau-Weiß der **Ming-Dynastie** (1368-1644) kam erst unter **Kaiser Cheng Hua** (1465-1487) in Mode, und mit bestimmten Emailletechniken bearbeitete Antiquitäten können frühestens aus dem 17. Jh. stammen, weil erst europäische Missionare diese Techniken nach China brachten. Gut zu wissen ist außerdem, dass gegen Ende jeder Dynastie die Qualität der Kunstschätze schlechter wurde – den Häusern ging am Ende ihrer Herrschaft das Geld aus. Wer kaufwillig, aber unsicher ist, kann sich von der „Hongkong Art Craft Merchants Association" (Flat E, 16/F, Alpha House, 27-33 Nathan Rd, Tel. 23 68 23 47) beraten lassen. Für Laien bietet Chak gemeinsam mit dem Hongkong Tourist Board eine wöchentliche Einführung in die Welt der Antiquitäten an.

Antiques Appreciation Class
Chak's Company Ltd.
Hollywood Road 76-78
(Sheung Wan MTR Exit A2)
Tel. 25 48 87 02, jeden Freitag 15.30-16.30 Uhr
Eintritt frei

>> weitere Einkaufstipps im Service-Teil auf Seite 120

Reich sein, Taitai sein

Sie feiern, sie glänzen und sie kämpfen. Das leichte Dasein der Damen aus Hongkongs Jetset hat auch seine schweren Seiten. Manche Lady leidet, wenn die neue Mätresse des Ehemanns durch die Presse geht und eine Teeparty die nächste jagt. Doch eine echte Taitai gibt nicht klein bei. Im Gegenteil: Sie kauft groß ein Text: Kai Strittmatter

Glaube keiner, diese Frauen wüssten nicht, was Kummer ist. „Auch in seidene Schweizer Taschentücher vergossene Tränen sind Tränen des Schmerzes", schrieb der Kung Fu-Romancier Jin Yong seiner Freundin Eunice Lam in deren Buch „Verliebt in die Liebe". Wobei: Wenn man den Geschichten der Eunice Lam glaubt, dann zerbrechen diese unglücklichen Herzen weniger – sie vertrocknen vielmehr, in einer Wüste der Intrige und Falschheit. Oder sie verzehren sich, vor Ehrgeiz, Neid und Eifersucht. Verlöschen ganz unspektakulär, wenn Jugend und Reichtum schwinden.

Eine berühmte *taitai* zu werden ist nicht leicht: Ein einfaches Mädchen, das sich zu diesem Weg entschlossen hat, braucht eine dicke Haut, um all die bösen Worte und das kalte Gelächter der anderen Taitais auszuhalten. Eunice Lam hat das geschrieben, die in diese Gesellschaft hinein geboren wurde. Und sie ihr Leben lang beobachtet und geschildert hat. In Büchern, die sich in ihren besten Momenten lesen wie mit dem Rasiermesser ins Papier geritzt. Meist lesen sie sich „wie mit Parfüm geschrieben". Das hat wieder Jin Yong gesagt, und in ihrer Gesellschaft, zu ihrer Zeit, da war das ein Kompliment.

Ach früher, sagt Eunice Lam, da haben die Bälle noch Spaß gemacht. Als man sich noch kannte. „Heute sitzt du neben Leuten, die kommen von nirgendwoher. Nennen sich ‚Schauspielerin', nennen sich ‚Model'. Wer sind diese Leute?" Ist das so schwer zu erkennen? Einfache Mädchen sind es, die sich entschlossen haben, das Gelächter der anderen Taitais auszuhalten.

Eine Hongkonger Taitai hat: alles. Weil sie das Eine hat: den richtigen Mann. Den mit Macht, den mit Geld. In China benannte *taitai* einmal eine „Dame"; nach mehr als einem halben Jahrhundert kommunistischer Herrschaft ist das Wort dort abgemagert zur schlichten „Ehefrau". Nicht so in Hongkong; hier haben es das Wirtschaftswunder der achtziger und die Paparazzi-Kultur der neunziger Jahre aufgepumpt auf Regenbogen-Format – *taitai* heißt: Du hast es geschafft, bist ganz oben, andere wollen so werden wie du. Hongkongs brave Officeladys, die Büroangestellten, zum Beispiel: wollen auch aufstehen nicht vor Mittag, zur Maniküre eilen, bevor sie sich des Sinns ihrer Existenz versichern: beim Shopping, der *raison d'être* der Hongkonger Luxusgeschöpfe. Sänken auch so gern nach erschöpfenden Stunden bei Valentino, Chanel und Manolo Blahnik in die Polster der Clipper Lounge im Mandarin Oriental: „Ober!" – High Tea. Schnell ein Happen von den frisch gebackenen Scones, den neuesten Klatsch, bevor man nach Hause eilt, umziehen vor der Vorstellung der neuen Kollektion von Cartier, abends ein Ball – Wohltätigkeit, natürlich. Tanzen, Tratschen und Taxieren bis in die Morgenstunden, dann in seidene Laken fallen, etwas Schlaf holen für die Mahjongg-Runden am nächsten Tag bei der Frau des Finanzsekretärs.

Ein Traum, junge Officelady? Bist du aus dem Stoff, der sich Abend für Abend den aggressivsten Papparazzi östlich von London vorwirft? Kannst du deinen Ärger wegstecken, wenn die Zeitung am Tag darauf dem Leser vorrechnet, du habest gestern wieder – Diadem plus Kette plus Ringe links – Schmuck für 40 000 Hongkong-Dollar getragen – womit sie dich um 10 000 Dollar zu billig gemacht haben? Kannst du stillhalten, wenn dir zugetragen wird, das junge Model „Du weißt schon, wer ..." lasse ihre Rechnungen bei Louis Vuitton an deinen Mannes schicken? Hast du die Größe der Teresa Cheung, die den legendären Spruch prägte: „Aufs Essen kann man verzichten – aber auf schöne Kleider? Niemals!"? Da hatte ihr Mann gerade Insolvenz beantragt, und Teresa Cheungs Kleider waren noch immer so schön, dass die Zeitungen schrieben, sie kosteten drei Millionen Hongkong-Dollar. Im Monat.

Ein reicher Hongkonger definiert sich durch die akzeptierten Exzesse seiner Taitai und die Jugend seiner Mätresse", schrieb das „Asian Wall Street Journal" einmal. Ist wirklich kein Honiglecken. Wo Hongkong doch so klein ist. „Manchmal sehen wir uns dreimal am Tag", klagt Eunice Lam: „Nachmittags zur Teeparty bei Shanghai Tang, abends das Chanel-Dinner und hernach die Cocktailparty einer Kosmetikfirma – und jedes Mal solltest du neue Schuhe tragen und eine neue Handtasche."

Die vor allem. Taitai-Gebot Nummer eins: An euren Taschen sollt ihr euch erkennen! Markenartikel sind das Leben einer Frau und der Sitz ihres Wertes; für Luxusmarken verkauft sie ohne zu zögern ihren Körper und ihre Seele. Auch dies ein Satz von Lam, der Chronistin des parfümierten Lebens, die selbst nicht wirklich qualifiziert ist, den Titel selbst zu tragen, da sie gegen zwei Grundgebote verstößt: Sie hat erstens auf eigene Faust etwas erreicht im Leben, und sie beginnt zweitens am Dinnertisch manchmal ein Gespräch über Mikrobiologie – eigentlich ein „No no", das die geübte Taitai aber zu kontern versteht mit Entgegnungen wie dieser: „Soso ... und haben Sie eigentlich zehn Prozent Rabatt erhalten auf Ihre Tasche?" Um wiederum Brisanz und Heimtücke dieser Frage zu schätzen, muss man wissen: Rabatt erhält nur, wer auf der VIP-Liste steht.

Die Marke also: Man erwirbt sie, um sie zu setzen. Sie ist ein Signal. „Und der erste Blick gilt immer der Handtasche", sagt Vivienne Wong. Miss Wong ist mit ihrer Event-Agentur „Blue Moon" regelmäßig Taitais zu Diensten, die ihrer Langeweile überdrüssig sind und zur Abwechslung mal Investment-Tipps verkaufen oder Schlankheitstee: „Wenn du die richtige Tasche trägst, dann heißt das: Du hast Geld, Macht und Geschmack." Deshalb finden auch Officeladys nichts dabei, einmal im Monat bei Gucci im „Pacific Place" die Hälfte ihres 9000-Hong-Kong-Dollar-Gehalts für eine Tasche auszugeben. Echte Taitais gehen dafür nicht ins Geschäft. Sie werden eingeladen, vorzubestellen – oder fliegen direkt nach Mailand und Paris. Keine Taitai, die nicht auf Dollar und Cent beziffern könnte, wie kostbar ein Stück ist, das die andere am Leib trägt. Und wenn eine die neue zartrosa Tasche von Chanel endlich in den Händen hält – „Die erste rosa Kollektion seit zehn Jahren! Ich musste gleich vier Stück kaufen!" (belauscht in der Clipper Lounge) – kann es Schöneres geben, als sie zum High Tea in die Lobby des „Peninsula" auszuführen? Ihr unter den flotten Klängen des Kammer-Quartetts auf dem königsblauen Polster des freistehenden Stuhles den Thron zu bereiten, den sie verdient?

Diskretion ist Hongkongs Sache nicht. Man zeigt, was man hat. Der Exhibitionismus ist Folge auch der Geschichtslosigkeit dieser Stadt. Kaum eine Familie kann mehr als drei Generationen in Hongkong zurückverfolgen; fast alle kamen sie als Flüchtlinge. Hongkongs Aristokratie eint nur eines: Reichtum. „Wüssten sie doch wenigstens, was Art-déco ist, wenn sie schon bei Tiffany kaufen", seufzt Eunice Lam. Es ist ja noch schlimmer: Sie wissen nicht einmal, wie man „Cartier" ausspricht, viele der Damen, die ihren diamantumkränzten Busen Abend für Abend in Blitzlicht baden. Sagen „Hör-mes-sie" wenn sie „Hermès" sehen, und – „wie unerfreulich fürs Ohr" – „Tschan-nel" für „Chanel". Eunice Lam, deren Familie in den fünfziger Jahren mit Softdrinks reich wurde und somit zum alten Adel zählt, hat nicht nur in Berkeley

„Manchmal sehen wir uns dreimal am Tag": Die Hongkonger High Society ist klein, aber aktiv. Egal zu welchem Anlass: Lächeln ist Pflicht

Genetik studiert, sie spricht auch fließend Französisch; jetzt schreibt sie an einem Aussprache-Lexikon – inklusive CD – für die besserungswillige Taitai. Als Bonus wird sie auch Namen hinzufügen, die man nicht unbedingt auf den Ladenschildern der 5th Avenue wiederfindet: „Michelangelo" zum Beispiel, oder „van Gogh", das ist der mit den Sonnenblumen, der arm und verrückt starb, was ein Hongkonger auf den ersten Blick nicht unbedingt für bewundernswert halten wird.

Die Hongkonger sind Überlebenskünstler. Geld ist gleich Status ist gleich Macht: die Gleichung hat sich eingebrannt in die Seelen von Generationen hungriger junger Frauen und Männer. Man verspottet die Armut, aber nicht die Hurerei. Der Satz ist zum Sprichwort geworden in Hongkong.

Schamloser Konsum, die hemmungslose Vernichtung von Vermögen und Zeit ist nicht nur das Privileg der Taitais – es ist ihre Pflicht. Taitais mögen auf den besten Schulen gewesen sein: Wenn sie einmal ihren Fang gemacht haben, dann ist ihre vorderste Aufgabe, den Reichtum ihres Ehemannes oder Freundes öffentlich zu illustrieren. Sie tun das, indem sie so nonchalant über den Erwerb eines edlen Rennpferdes zu plaudern verstehen wie über den eines neuen Busens, modelliert von den Zauberhänden des Dr. Kenneth Hui. Im Idealfall parlieren sie fließend Englisch und ignorieren die Mätressen ihres Mannes auch dann, wenn diese versuchen, Skandal und Scheidung zu provozieren, um selbst zur Taitai aufzusteigen.

„Der Hauptjob der Taitais bleibt, auf Bälle zu gehen und für ihren Mann Kontakte zu machen", erklärt Agenturchefin Vivienne Wong: „In Hongkong werden Geschäfte noch sehr chinesisch abgewickelt, über persönliche Beziehungen. Und so wird eine ehrgeizige Taitai alles versuchen, um am Mahjongg-Tisch der reichen Frau Kwock zu landen oder beim High Tea mit der Frau des Chief Executive."

Dabei ist es ein offenes Geheimnis, dass viele Taitais längst nicht so reich sind wie sie tun. Auch das ein Taitai-Gebot: Zeige dich gerade dann in der Karl-Lagerfeld-Robe, wenn es der Firma deines Mannes schlecht geht. Klimpere mit deinen Juwelen und lass beiläufig einfließen, wie gut es euch geht, und wie dumm ein jeder wäre, der jetzt eure Aktien abstoßen würde. Wie gut, dass es „Milan Station" gibt, die Rettungsinsel aller klammen Taitais: Nachmittags kaufst du das neue Abendkleid von Versace, abends trippelst du damit durch den Ballsaal des Grand Hyatt – und wenn am Tag drauf die Zeitungsleser neidisch staunen, hängt dein Versace schon bei „Milan Station", dem Second-Hand-Laden der Beinahe- und Gestern-war-ich's-noch-Reichen. Das Beste daran: Die Leute von „Milan Station" sind diskret, sie kommen zu dir nach Hause.

Fast drei Stunden hat Eunice Lam nun an einem „Ginger-Lime-Fizz" genippt. Heute abend geht es zum Spanischen Ball. Wohltätigkeit, wofür, ist ihr entfallen. Viel Freude habe sie nicht mehr daran: „Es werden die Gerngelittenen da sein, und die Nichtgelittenen."

Es drängt eine neue Gruppe ein in Hongkongs Gesellschaft: Chinesen vom Festland. „Neureiche", sagt Eunice Lam spitz. Männer fallen ein aus China, die tragen gewaltige, mit Diamanten besetzte Uhren. Frauen, die brüllen in schrillem Mandarin quer durch den Laden, wenn sie bei Valentino einkaufen. Menschen, die führen, wie unangenehm, den Hongkongern vor, wie sie sich selbst vor 20, 30 Jahren benahmen. Aber was tun? Die eine ist Cousine eines Ministers, der andere hat beste Beziehungen zum Planungsamt in Peking. Also lächeln.

Und dann sind da die jungen Mädchen, die sich mit der Macht ihrer Jugend ein Engagement als Konkubine erschlafen, um dann die zwei, drei Jahre an der Seite ihres Gönners zu nützen zum Schaulauf vor möglichen Ehemännern. Und was für Mädchen: „Sie sprechen nicht einmal Englisch", sagt Eunice Lam. Dann berichtet sie von der Festlands-Frau eines reichen Freundes, mit der sie gemeinsam auf den Chauffeur gewartet habe. „Und wissen Sie was?", fragt Lam – „sie hat es sich in der Hocke bequem gemacht. Vor der Tür des Hyatt!" So wie das Bäuerinnen überall in China tun, wenn kein Stuhl in der Nähe ist. Lam, noch immer leicht schockiert: „Niemand geht in die Hocke in Hongkong." Niemand ging, muss das nun wahrscheinlich heißen. □

Kai Strittmatter *ist Korrespondent der* Süddeutschen Zeitung *in Peking. Er schrieb für* MERIAN *auch über Hongkongs Wohnzimmerküchen, S. 64.*

Sehen und gesehen werden in der Lobby des Peninsula Hotels

MERIAN | TIPP Taitai-Locations

Wie viele andere Städte der Welt haben acht Prada-, sechs Chanel-, acht Ferragamo-, neun Gucci- und sechs Louis-Vuitton-Stores? Das Shopping-Revier der Taitais ist groß. Doch Einkauf ist nicht alles. Zum Entspannen trifft sich der weibliche Jetset zum Beispiel im **Elemis Day Spa**, Tel. 25 21 66 60, 9/F Century Square (A 9), 1 D'Aguilar Street, Central. Zum Posieren eher im **Café Landmark**, Tel. 25 26 42 00, (B 8) 1/F The Landmark, Central. Durch noble Passagen erreicht frau von hier den größten Armani-Store außerhalb Mailands im Chaterhouse. Wer sich dort an Armani-Blumen, -Büchern, -Kleidern und -Haushaltswaren sattgesehen hat, setzt sich entweder im **Emporio Armani Café** zum fettarmen Latte Macchiato nieder oder eilt gleich weiter. Wahlweise in die **Clipper Lounge des Mandarin Oriental Hotel**, Tel. 25 22 01 11, (A/B 8) 5 Connaught Rd., Central, oder zum High Tea in die Lobby des ehrwürdigen **Peninsula Hotel**, Tel. 23 66 62 51, (C 7) Salisbury Rd., Tsim Sha Tsui.

Foto: Michael Wolf

MADE

Schöne Bescherung: In einer Spielzeugfabrik nahe Hongkongs Nachbarstadt Shenzhen kommt der Nikolaus zehntausendfach auf den Tisch der Arbeiterinnen

Text: Janis Vougioukas, Fotos: Grischa Rüschendorf

IN CHINA

Das Perlflussdelta zwischen Hongkong, Macao und Kanton ist der strahlende Gewinner der Globalisierung. 500 000 Firmen produzieren hier Spielzeug, Telefone, T-Shirts und mehr. Billig und für alle Welt. Ein Besuch auf dem größten Fabrikgelände der Erde

BINNEN 20 JAHREN WURDE DAS FISCHERDORF SHENZHEN ZUR MILLIONENSTADT

Als Zentrum der „Sonderwirtschaftszone“ boomt die Metropole Shenzhen (l.), ein Heer von Lohnarbeitern zieht in die Städte des Deltas und hofft auf gute Bezahlung

Kein Platz für große Ansprüche: Die Angestellten von Ngai Lik Electronics leben im fabrikeigenen Wohnheim

Mit Nadel und Faden im Akkord: Bei Hop Lun Fashion in Dongguan nähen Arbeiterinnen Badeanzüge für den Export. Ihr Monatsgehalt: rund 60 bis 70 Euro

ANFANGS BRAUCHTE DAS DELTA DIE WELTSTADT HONGKONG – JETZT BOOMT ES VON ALLEIN

An die Arbeit: Nach der Pause räumt die Belegschaft von Ngai Lik Electronics ihr Geschirr in Regale (r.). Karstadt-Quelle-Einkäufer Horst Dettenthaler (u.l.) ist hier Kunde und bewundert die Flexibilität der Firmen

Attraktionen einer Retortenstadt: Shenzhen ist zu schnell gewachsen, um auf Kultur viel Wert zu legen. Ein Freizeitpark zeigt deshalb die großen Bauten der Welt in Kopie

Das Fabrikgelände wird von einer mit Scherben besetzten Mauer beschützt. Die Gebäude dahinter sind grau, die Luft schmeckt nach Öl und Industriestaub. Vom Tor aus führt eine gerade Straße vorbei an anderen eckigen Fabriken. Eine Landschaft, am Reißbrett entworfen, wie mit einem großen Lineal gebaut. Ein Ort der Arbeit, nicht der Freude: das Perlflussdelta.

Die drei Flüsse Xijiang, Beijiang und Dongjiang strömen hier ins Südchinesische Meer, sie haben in den letzten 5000 Jahren so viel Land mitgerissen, dass sich ein 100 Kilometer langes Flussdelta in die chinesische Landmasse gefressen hat. Um das Wasser bilden Hongkong, Macao und Kanton ein Dreieck mit einer Fläche von 41 500 Quadratkilometern, so groß wie die Schweiz. Containerschiffe fahren auf den Flüssen, schwere Lastwagen auf den Straßen. Menschen ziehen Karren mit Metallteilen.

Vom Perlflussdelta aus versorgt China die Menschheit. Jeder dritte Schuh in der Welt wird hier zusammengenäht. Fabriken groß wie Städte produzieren Kleidung, Handys, Computer und Spielzeug. Jeden Monat werden Exportwaren für über zehn Milliarden Euro hergestellt und in den Rest der Welt verschifft. Im Jahr 2003 kletterten die deutschen Importe aus China um 17 Prozent auf 25 Milliarden Euro – der größte Teil stammt aus dem Delta, der produktivsten Fabrikhalle der Welt.

Drei große Flüsse gibt es hier, drei wichtige Städte an den Ecken und drei Sorten von Menschen, die das Perlflussdelta zu einer der wichtigsten Wirtschaftsregionen der Welt gemacht haben: Hongkonger Fabrikbesitzer, chinesische Arbeiter und Einkäufer westlicher Konzerne treffen hier aufeinander. Die Dreiecksbeziehung der Globalisierung.

Liu Xiaohua kam mit dem Zug hier an, ein zierliches Mädchen mit Grübchen in den Wangen. Eine Freundin hatte ihr von Shenzhen erzählt, der Stadt mit den Hochhäusern direkt vor den Toren Hongkongs. Der Stadt mit den Fabriken. „Dort gibt es gute Arbeit", hatte die Freundin gesagt. Ihr Vater brachte sie mit dem Fahrrad zum Bahnhof, ein Mädchen von 17 Jahren mit einer großen Tasche.

Liu sitzt auf einem blauen Plastikstuhl neben vielen anderen jungen Frauen aus dem ganzen Land. Auf dem Fließband fährt das Gehäuse eines DVD-Players an ihren Platz. Sie befestigt das Laufwerk mit vier Schrauben, kontrolliert noch einmal und legt es wieder aufs Band. Seit einem Jahr macht sie das jeden Tag. „Die Arbeit ist gut", sagt Liu. Bei Ngai Lik Electronics in Shenzhens Nachbarstadt Dongguan verdient sie 520 Yuan, umgerechnet etwa 52 Euro pro Monat. 400 Yuan davon spart sie. Liu weiß noch nicht, wie lange sie bleiben wird. Sie hat einen guten Job, sie mag ihre Kollegen, aber sie vermisst ihr Dorf in Hunan. „Ich träume davon, zu Hause einen Schönheitssalon aufzumachen", sagt sie.

Liu ist nicht unglücklich. Aber das Mädchen aus der Provinz steht am Ende der harten Nahrungskette des Kapitalismus im Perlflussdelta. Sie ist eine aus der Masse der 30 Millionen Wanderarbeiter aus dem endlosen chinesischen Hinterland, die mit kleinem Gepäck und großen Träumen zum Perlfluss gekommen sind, auf der Suche nach Glück und Arbeit. Sie übernachten in Schlafsälen oder Acht-Bett-Zimmern auf dem Fabrikgelände und arbeiten für zwei Euro pro Tag. Sie machen es möglich, dass eine Kinderpuppe, die im Westen für 9,99 Dollar verkauft wird, mit einem Lohnkostenanteil von 46 Cent hergestellt wird, wie das Hongkonger Christian Industrial Committee ausgerechnet hat. Die Gewerkschaftsorganisation untersuchte 2001 die Arbeitsbedingungen in Spielzeugfabriken. Der 130-seitige Bericht liest sich wie eine Dossier aus der Frühphase der Kapitalismus. Die Arbeiter standen täglich bis zu 16 Stunden am Band, teilweise sieben Tage pro Woche. Ihre Arbeitsplätze sind unsicher, die Gehälter liegen im Durchschnitt bei 500 bis 700 Yuan.

Fotos der Führungskräfte hängen über dem Fließband – als Ansporn für alle anderen

Kaum ein Arbeiter wusste von den staatlichen Mindestlöhnen oder Arbeitszeitbeschränkungen, die in den meisten Fabriken ohnehin nicht eingehalten werden. Im November 1993 brach in der Zhili-Spielzeugfabrik in Shenzhen ein Feuer aus. 87 Arbeiter starben, 47 wurden verletzt, weil die Fenster vergittert und die Türen verriegelt waren. Es dauerte sieben Jahre, bis die Familien eine Entschädigung bekamen. „Seit damals hat sich die Situation nicht geändert", sagt der chinesische Menschenrechtsaktivist Han Dongfang.

„Sei vorsichtig draußen", hatte Liu Xiaohuas Vater gesagt, bevor seine Tochter in den Zug nach Shenzhen stieg. Sie ruft ihn jeden Sonntag an. Ohne Arbeiter wie sie würde die Maschine, zu der das Perlflussdelta gewachsen ist, nicht funktionieren.

Chinas wirtschaftlicher Aufstieg begann in Hongkong. Einer, der dazu beitrug, war Lam Man Chan, der 1976 die Ngai Lik Group, eine Radiofirma mit einer Hand voll Angestellten im verschwitzten Stadtteil Kowloon eröffnete. Die britische Kronkolonie boomte mit der Herstellung von Plas-

Kein Ende des Booms in Sicht: Die Fabrikstadt Shenzhen wird zur Konkurrenz für Hongkong

DER ANDERE AUFBAU OST

Die chinesische Sonderwirtschaftszone des Perlflussdeltas gilt als einer der wachstumsstärksten Wirtschaftsräume der Erde. Allein **aus Deutschland sind 264 Unternehmen aus verschiedenen Branchen** im Perlflussdelta ansässig. Dazu gehören z.B.:

Elektroindustrie
Siemens, Siemens Matsushita und Siemens-Nixdorf, Kanton, Shenzhen und Dongguan, ca. 5000 Mitarbeiter
Osram Foshan Lighting Co. Ltd., Foshan, über 2500 Mitarbeiter
Bosch, Shunde
Epcos, Zhuhai und Shenzhen
Severin, Shenzhen
Wickmann Electrical Products, Dongguan
Zeiss Far East Co. Ltd., Kanton

Flugzeug- und Fahrzeugbau
Airbus, Kanton
Asimco Bosch Braking Systems, Kanton
DaimlerChrysler-Rail, Kanton

Chemie und Pharmaindustrie
BASF, Bayer, Merck, Schering, Wacker, alle in Kanton, **Degussa,** Shenzhen, **Henkel,** Longu

Handel, Banken, Versicherungen
Allianz, Kanton
Dresdner Bank, Kanton
Deutsche Bank, Kanton
Deutsche Krankenversicherung, Shenzhen
Metro, Dongguan
Quelle & Co., Shenzhen

Bauindustrie
Geze Industries Co. Ltd., Kanton
Häfele GmbH & Co., Kanton und Shenzhen

Textilindustrie
Adidas Asia Pacific Ltd , Kanton
Germania Fashion Ltd., Shenzhen

Maschinenbau
Linde Fresh Food Equipment Ltd., Kanton
Pfaff, Zhuhai
Thyssenkrupp Fördertechnik, Kanton

tikartikeln und billiger Elektronik. In Hinterhöfen wuchsen Garagenbetriebe. Land war knapp in Hongkong, so wurden die Fabriken in Hochhäusern gebaut, auf jedem Stockwerk eine andere Firma. Besucher aus dem Westen mussten bei Rundgängen den Kopf einziehen. Es war die Zeit des Aufschwungs, in der alles möglich schien. Familien gründeten Fabriken. Die Ehefrauen führten die Bücher, die Männer managten die Geschäfte in Turnhosen und Unterhemd.

Im gleichen Jahr starb Chinas Steuermann Mao Zedong auf der anderen Seite der Grenze und hinterließ sein hungriges Land im Chaos. Das Perlflussdelta war Bauernland, bekannt für seine Reis- und Zuckerrohrfelder. Dann kam Deng Xiaoping und erklärte 1980 das Fischerdorf Shenzhen zur Sonderwirtschaftszone. Die Schleuse war einen Spalt breit geöffnet.

Die Hongkonger Manager schauten über die Grenze. Sie sahen weites, billiges Land und ein endloses Heer günstiger Arbeitskräfte. Sie sahen die Profitmöglichkeiten und erinnerten sich an die Heimat China, aus der einst ihre Väter und Vorväter gekommen waren. Und jedes Jahr wanderten mehr Fabriken über die Grenze ins kommunistische Mutterland.

Aus den Hongkonger Hinterhoffirmen sind inzwischen Konzerne geworden. Lams Radiofirma heißt jetzt Ngai Lik Industrial Holdings und hat über 30000 Angestellte, die jedes Jahr 20 Millionen tragbare CD-Spieler und Stereoanlagen produzieren. Oder die DVD-Rekorder, bei denen Liu Xiaohua die Laufwerke einschraubt. Das chinesische Wirtschaftswunder materialisierte sich in Form von so genannten OEMs, den „Original Equipment Manufacturers“. Das System funktioniert folgendermaßen: Eine Firma aus Hongkong gründet eine Fabrik am Perlfluss, die von Hongkong aus geführt wird. Die Einkäufer der Markenhersteller aus dem Westen bestellen bei den Firmen eine Million Paar Schuhe oder Laptops oder Handys. Die OEMs produzieren und kleben nachher den Namen des Auftraggebers aufs Produkt. Der Kunde kann nicht mehr unterscheiden, wo Telefon, T-Shirt oder Teddybär herkommen. „Alles, was Sie im Westen für 100 Euro herstellen, können wir hier für 40 bauen“, sagen die Manager der OEMs.

Im November 2002 entdeckte der österreichische Zoll am Innsbrucker Flughafen einen Container mit handgeschnitzten Krippenfiguren aus China. Die Beamten fanden heraus, dass ein Unternehmen aus dem Grödnertal seine „traditionellen Südtiroler Krippen- und Heiligenfiguren“ in China schnitzen ließ. Der Kostendruck in der Wirtschaft macht vor keiner Branche halt – und immer ist China dabei der Gewinner.

Aber die Volksrepublik ist dabei angewiesen auf die Manager aus Hongkong, sie sind die wichtigsten Investoren in der Volksrepublik. Durch sie wurde aus dem Fischerdorf Shenzhen eine boomende Metropole mit sieben Millionen Einwohnern. Eine

Metropole, die, so fürchten manche, Hongkong bald den Rang ablaufen könnte. Schnellboot- und Hubschrauber-Shuttle verbinden die Sonderwirtschaftszone schon jetzt mit Hongkong. Shenzhen ist eine der reichsten Städte Chinas, gebaut aus Spiegelfassaden und Stahlbeton. Chinas Antwort auf den Kapitalismus. Aber niemand ist gern hier. Die Hongkonger Manager nicht, weil sie es kulturlos und dreckig finden. Die Wanderarbeiter vermissen ihre Heimat. Und die Einkäufer aus dem Westen verstehen die Sprache nicht und ekeln sich vor dem Essen.

Horst Dettenthaler hat 1978 das letzte Mal in Deutschland gewohnt. Er vermisst seine Heimat, seine Freunde, die Kultur – aber sein Land ist ihm auch etwas fremd geworden. Manchmal benutzt er Worte wie „D-Zug", die zu Hause schon lange niemand mehr sagt. Nach seiner Arbeit als Assistent des Einkaufsdirektors bei Quelle wurde er nach Taiwan geschickt, 1983 dann nach Hongkong. Dettenthaler arbeitet jetzt für Karstadt-Quelle, das in Hongkong eine Einkaufszentrale mit 270 Mitarbeitern betreibt, um die Regale der Filialen in Deutschland zu füllen. DVD-Player etwa werden bei Ngai Lik produziert.

„Früher war die Arbeit persönlicher", sagt Dettenthaler. Es gab noch keine Faxgeräte, er sprach persönlich mit den Fabrikbesitzern. Heute bestellt er per E-Mail. Manchmal fährt er selbst in die Werke, um die Qualität zu kontrollieren. Dann holen ihn die Fabrikmanager in einem Kleinbus mit rotem Teppich ab. Einkäufer wie Dettenthaler sind die Könige des Deltas. Und sie bewundern China. Wegen der niedrigen Produktionskosten. Wegen der Energie und Anpassungsfähigkeit. Aber sie fürchten sich auch davor. Schon jetzt gibt es fast nichts, was im Delta nicht viel billiger als im Westen hergestellt werden könnte. Was, wenn es eines Tages in Deutschland gar keine Fabriken mehr gibt?

„Das Perlflussdelta ist eine Bedrohung für Deutschland", sagt Dettenthaler, „die Menschen hier sind viel flexibler". Oder ist Deutschland eine Bedrohung für sich selbst? Einmal

Liu Xiaohua spart den Großteil ihres Lohns. Ihr Ziel: ein Schönheitssalon zuhause in Hunan

hatte Dettenthaler einen Praktikanten aus Deutschland, einen Wirtschaftsstudenten mit ordentlich gebügelten Hemden. Jeden Freitag ließ der sich per Kurier eine Packung Haribo von zu Hause schicken. Das kann nicht die Zukunft sein. Die Zukunft, das spüren alle im Perlflussdelta, liegt hier. □

Janis Vougioukas, *Korrespondent für verschiedene deutschsprachige Zeitungen in Shanghai, porträtierte auch den Dissidenten Frank Lu (S. 64).* **Grischa Rüschendorf** *lebt als freier Fotograf in Hongkong. Für* MERIAN *besuchte er auch die Chungking Mansions (S. 100).*

MERIAN | TIPP Shoppen in Shenzhen

Lange waren die Machtverhältnisse klar: Hongkong ist die glitzernde Einkaufspassage, Shenzhen die schwitzende Fabrikhalle. Doch Hongkongs neues Schnäppchen-Paradies liegt auf der anderen Seite der Grenze. In der **Lowu Commercial City** (LCC) bieten 1500 kleine, aber prall gefüllte Geschäfte auf fünf Etagen eine Auswahl aus Chinas riesiger Produktpalette zu Preisen, die weit unter Hongkonger Niveau liegen: Turnschuhe, DVDs, gefälschte Designerwaren von der Rolex bis zum Chanel-Täschchen, Tee, Schals, Wäsche, Elektronik-Artikel, außerdem Unmengen von Stoffen, die Dutzende Schneider über Nacht in Kostüme, Jacken, Blusen nach Maß verwandeln (am besten ein Bild des gewünschten Modells mitbringen). Ein Europäer, der in der LCC einkauft, fühlt sich schnell wie ein Filmstar, auf den sich die Boulevardpresse stürzt. Endlose Fragen wie „Missy, Manicure?" können die Nerven enorm strapazieren. Die beste Strategie: ruhig bleiben, lächeln und sich tatsächlich so schnell wie möglich eine Maniküre für umgerechnet vier Euro gönnen. Gezahlt wird in der LCC am besten bar, HK-Dollar werden gern akzeptiert. Trotz der großen Polizeipräsenz sollte man sich vor Taschendieben in Acht nehmen. Vor dem Kauf zu feilschen, ist in der Regel möglich. Ist ein Angebot für den Händler wirklich inakzeptabel, wird er den Kunden gehen lassen. Meistens einigen sich Käufer und Verkäufer aber nach ein paar Runden des Handelns – freundlich und mit einem Lächeln.

(C 11) **Lowu Commercial City** tgl. 10.30 bis 18.30 Uhr, Restaurants und Schönheitssalons sind bis Mitternacht geöffnet. Anfahrt von Hongkong mit der KCRC-Zuglinie bis zur Grenzstation Lowu. Die LCC liegt direkt hinter der Grenze. Wichtig: Für den Aufenthalt in Shenzhen ist ein **Visum** erforderlich. Erhältlich ist es an der Grenze (Schildern „Shenzhen Visa Office" folgen) oder in Hongkong z.B. bei **China Travel**
77, Queen's Road, Central
Tel. 25 22 04 50
Mo-Fr 9-18, Sa 9-17, So 9-12.30 Uhr,
Dauer: 3-4 Tage, Kosten: ab 180 HK$
für die einmalige Einreise.

>> weitere Shopping-Tipps im Service-Teil auf Seite 120

Allein gegen die Zensur

Er kämpft für Meinungsfreiheit und Menschenrechte und gegen die Kommunistische Partei. Seine Organisation gilt als wichtigste Quelle für Nachrichten aus dem chinesischen Untergrund, und sie hat genau einen Mitarbeiter: ihn selbst, Frank Lu

Text: Janis Vougioukas

Der junge Mann mit dem alten Gesicht schaut sich um, bevor er das Metallgitter zur Seite schiebt und die Stahltür dahinter aufschließt. Frank Lu hat gelernt, vorsichtig zu leben.

Drinnen kahle Wände, die Decke hängt niedrig über den Schreibtischen und dem speckigen Sofa. Neonlicht färbt den Raum in flirrendes Blau. Von hier aus führt Frank seinen Kampf gegen die größte Organisation der Welt: die Kommunistische Partei der Volksrepublik China.

Das kleine Büro im 14. Stock ist eine Nachrichtenmaschine mit klingendem Namen: Informationszentrum für Menschenrechte und Demokratiebewegung in China. Frank macht öffentlich, was China verstecken will, durchbricht die Nachrichtensperre und die Zensur der Partei. Ganz allein, unterstützt nur von seinen Informanten in China. In gekrümmter Haltung sitzt er an seinem Schreibtisch, ein schmächtiger Mann mit unruhigem Gemüt und traurigem Blick.

Frank war einmal ein glühender chinesischer Patriot, geboren im November 1964 in der zentralchinesischen Provinz Hunan. Er wuchs auf dem Land auf, stieg morgens mit seinen Freunden in die Berge, um den Sonnenaufgang zu beobachten, und badete im Shao-Fluss.

Mit 16 meldete er sich zur Armee, die schickte ihn zur Offiziersakademie in Shijiazhuang. „Ich wollte immer Soldat sein, mein Land beschützen", sagt er. Vor Russland, vor den USA. Vor der ganzen Welt. Er fühlte sich sicher in Uniform, Ausbilder lehrten ihn Gehorsam und Disziplin, und Frank hatte das Gefühl, am Ziel zu sein.

Dann kamen seine Kameraden aus dem chinesischen „Erziehungsfeldzug" gegen Vietnam zurück. Sie erzählten ihm, wie sie ein Bergdorf angegriffen hatten. Die Einwohner hatten sich in Tunneln versteckt, und die chinesischen Soldaten warfen Bomben in beide Eingänge. Die Höhle wurde zum Massengrab für 700 Menschen, viele davon Frauen und Kinder.

Als er das hörte, zerbrach in seinem inneren Mechanismus eine Feder. Frank, der Soldat, schrieb zehn lange Briefe gegen den Krieg, schickte sie an die *Volkszeitung* und die *Rote Fahne*. „Ich habe nicht geglaubt, dass sie veröffentlicht werden, aber ich musste mir meine Wut von der Seele schreiben", sagt er. Die Briefe wurden nie gedruckt, doch kurz danach erschienen drei Männer von der Militärpolizei. „Deine Briefe sind gegen das System", sagten sie zu Frank und nahmen ihn mit. Ständig bewachte ihn ein Aufpasser mit Gewehr. Er wurde nicht gefoltert und nicht geschlagen. Aber in seiner Zelle brannte Tag und Nacht Licht. Seitdem kann er nicht mehr schlafen, nimmt jeden Abend Tabletten.

Ein Jahr später wurde Frank aus der Armee entlassen. Er arbeitete auf Baustellen und schlug sich durch, bis er 1985 an der Zhongnan University of Technology aufgenommen wurde.

Es war die Zeit des politischen Frühlings in China. Auf den Straßen hingen kritische Wandzeitungen, Studenten unterrichteten sich gegenseitig, jedes Jahr gab es kleine Reformen. Als Chinas Studenten im Frühsommer 1989 für Demokratie und Menschenrechte protestierten, organisierte Frank in Hunan einen Hungerstreik, Märsche und Sit-ins vor dem Sitz der Provinzregierung, 10 000 Studenten kamen. In der Nacht auf den 4. Juni eröffnete die 38. Armee des Militärbezirks Peking das Feuer auf die Studenten, die auf dem Platz des Himmlischen Friedens ausharrten. Mindestens 3000 Menschen kamen dabei ums Leben. In ganz China wurden die Anführer der Demokratiebewegung verhaftet. Auch Frank wurde von der Polizei überwacht und mehrmals festgenommen. 1993 konnte er aus einem Krankenhaus fliehen.

Als er in der Grenzstadt Shenzhen das Schnellboot nach Hongkong bestieg, hatte er nur einen Rucksack und eine Flasche Wasser bei sich. Er wusste er, dass es kein Zurück gab.

Frank schlug dünne Wurzeln in Hongkong, der fremden Stadt, in der sich immer mehr Verfolgte und Verbannte versammelten, die hier offen über ihre Ziele sprechen konnten. Hongkong war ihre kleine Insel der

Freiheit. Frank lernte die kantonesische Sprache mit dem kehligen Klang, wohnte in einer drei Quadratmeter großen Kammer, zog immer wieder um. Eines seiner Quartiere war ein Dachverschlag neben dem Krematorium, das Tag und Nacht arbeitete und einen süßlichen Geruch über die Umgebung legte. Doch die Erinnerung ließ ihn nicht los. Bis heute nicht.

Frank dachte an seine Kommilitonen in Haft und die Ziele, die er nicht zurückgelassen hatte. Er kaufte ein kaputtes Faxgerät, das er selbst reparierte und über Schmuggler nach China bringen ließ: ein dünner Draht von der Diktatur in die Freiheit. Seine Freunde im Untergrund berichteten ihm über Verhaftungen und Menschenrechtsverletzungen, und Franks Kampf begann. Er nahm ein Blatt Papier und schrieb „Information Centre of Human Rights and Democratic Movements in China" auf den oberen Rand und darunter eine Nachricht über 15 Dissidenten, die politische Reformen verlangten. Dann schickte er das Schreiben an fünf Korrespondentenbüros, deren Nummern er von Freunden bei einer Menschenrechtsorganisation bekommen hatte.

Das macht Frank jeden Tag. So ist er zum wichtigsten Nachrichtenlieferanten über Menschenrechtsverletzungen in seiner ehemaligen Heimat geworden. Passiert in China politisches Unrecht, piepst kurze Zeit später Franks Pager, und auf dem Display leuchtet eine chinesische Nummer, die zurückgerufen werden möchte. Frank meldet sich dann, hört zu, überprüft alle Informationen, schreibt seine Nachricht, immer noch mit der Hand, und schickt sie an die 120 Medienorganisationen, die er inzwischen in seinem Faxgerät gespeichert hat. Am nächsten Tag steht in der Zeitung: „Nach Berichten einer Hongkonger Menschenrechtsorganisation…"

Als Chinas Regierung zum Schlag gegen die Falun-Gong-Sekte ausholte, brachte Frank die Verhaftungen von Anhängern in die Weltnachrichten, genauso die Arbeiterproteste im Nordosten des Landes. Er wusste von den Studentenprotesten an der Pekinger Universität – nur wenige Kilometer von den Büros internationaler Medien entfernt, die ohne Frank nichts davon mitbekommen hätten.

Im Dezember 2001 wurden in der Provinz Hubei fünf Führer einer protestantischen Untergrundkirche zum Tode verurteilt. Frank schrieb ein Fax, das eine internationale Protestwelle auslöste, und China wandelte die Urteile in lebenslängliche Haftstrafen um. „Ohne meinen Bericht wären sie im Himmel", sagt er, ohne Emotion. Er kann sich nicht mehr freuen.

3100 Faxe hat Frank bisher geschrieben und zehntausende Überschriften in Zeitungen weltweit produziert. Eine Chronologie des Unrechts. Aber tief in seiner Seele, verschüttet und versteinert, hat er sich die Liebe zur Heimat bewahrt: „Ich habe China immer geliebt". Er denkt oft an die Berge. Die Sonnenaufgänge. Den Shao-Fluss. „Aber ich hasse die Kommunistische Partei." Das ist sein Antrieb.

In den letzten Jahren ist Frank müde geworden, muss seine Stimme mit Mühe aus sich herausholen. Der Körper ist krank, der Magen, das Herz. Frank war noch nie im Urlaub. Am Faxgerät auf dem Schreibtisch blinkt ein rotes Lämpchen: keine Tinte. Seit fünf Monaten reicht das Geld nicht, um die Telefonrechnung zu bezahlen. Geld von den Medien will er nicht annehmen, obwohl die ihm für seine Arbeit dankbar sind. Er will Informant sein, kein Verkäufer.

Frank Lu ist einer der letzten Dissidenten in der Stadt. Mehr als sieben Jahre nach der Rückgabe Hongkongs wird die ehemalige Kolonie dem roten Mutterland immer ähnlicher. Fast alle ehemaligen Regimekritiker haben sich inzwischen nach Europa oder in die USA abgesetzt. „Ich kann in den Staaten nicht arbeiten", sagt Frank. „Allein der Zeitunterschied."

Seine Arbeit, sagt er, ist noch nicht getan. China entwickelt sich. Es gibt Elektrizitätswerke, Staudämme und Autobahnen in dem riesigen, wirtschaftlich aufstrebendem Land – aber keine Meinungsfreiheit. Deshalb wird Frank in Hongkong bleiben und weitermachen. Irgendwie. „Ich versuche, ein guter Buddhist zu sein", sagt er, und seine Augen glänzen feucht. Er will sich nicht beklagen. „Vielleicht", das ist seine Hoffnung, „werde ich im nächsten Leben glücklich." □

Einer der letzten Dissidenten: Frank Lu bringt politisches Unrecht in China in die Weltnachrichten

Foto: Andreas Hub

Dim Sum heißt „Köstlichkeiten fürs Herz". Vielen Gästen geht tatsächlich das Herz auf, wenn die leckeren Kleinigkeiten im Bambuskörbchen vor ihnen stehen

Essen als Privatsache

Wohnzimmer-Restaurants sind Hongkongs neuer Trend. Das Rezept: Man miete eine Wohnung, stelle Klappstühle und Tische hinein, engagiere eine Köchin und ignoriere die Lizenzbehörde. Das Ergebnis: delikat und immer überraschend

Text: Kai Strittmatter, Fotos: Michael Wolf

Das „Yellow Door“ gehört zu den ältesten Wohnzimmer-Restaurants der Stadt. Das Prinzip: keine Werbung, keine Karte. Das Menü bestimmt der Koch

Einmal im Monat schreibt Lau Kin Wai einen Liebesbrief. „Das Leben ist ein Spiel“, beginnt sein letzter: „Eine Aneinanderreihung von Zufällen, wirklich, manchmal so absurd“. Adressiert sind die Briefe alle an ein Mädchen namens „S“. Wer das ist, will er nicht verraten. Nein, seine Frau sei nicht eifersüchtig, sagt er, auch wenn ganz Hongkong mitliest. Im Zentrum der Briefe stehen auch nicht seine Gefühle für S. Es geht um Wichtigeres, um das Wichtigste überhaupt in dieser Stadt: Es geht ums Essen. Seine Briefe sind eine Liebeserklärung an die chinesische Küche.

Einmal ist es eine philosophische Miniatur, die in einem Rezept für „Gedämpfte Aubergine mit schwarzer Bohnenpaste“ gipfelt. Ein anderes Mal erzählt er von einem armen Bergdorf in China; von dem Hirtenmädchen, das die drei Kühe des Dorfes hüten sollte und dem eine Kuh prompt von der Brücke fällt. Wie das Dorf die tote Kuh dann im Flussbett ausweidet und ein Fest daraus macht. Wie die

Dinner mit Familienanschluss: Im „Gitone 100“ erklärt Managerin Amy Lee den Gästen selbst das Menü, die Tische sind durch Bastvorhänge getrennt, und die Shrimps mit Sellerie im Wok bereitet Amys Schwester Clara zu

Familie des Mädchens die vier Beine und den Schwanz nach Hause tragen darf – und das Mädchen, da ist es neun Jahre alt, zum ersten Mal im Leben Rindfleisch zu essen bekommt.

Die Hongkonger, die heute so Reichen und Satten, lieben Laus Geschichten. Das Blatt, in dem sie erscheinen, *Eat and Travel Weekly*, ist eines der meistverkauften Magazine der Stadt. Und Laus Kolumne, hat eine Leserbefragung ergeben, ist die meistgelesene. „Ich frage mich“, sagt Lau, „ob es irgendwo sonst auf der Welt noch ein Volk gibt, das so verrückt ist nach Essen wie wir.“

Leute wie Lau Kin Wai sollte man öfter treffen, dann würde Hongkong mehr Spaß machen. Geflüchtet ist er als Kind, vor dem Hunger in seiner Heimat China, später war er Anarchist und Drucker dazu, noch später Lehrer, aber an der Schule hat er es auch nicht lange ausgehalten. Lau ist ein Mensch mit vielen Ideen und vielen Vergangenheiten, aber eigentlich hat er nur zwei Dinge im Kopf: Kunst und Essen. Er redet gerne und endlos, über Essen und Kunst. Außer er isst. Oder schreibt: über

16 Gänge zum Abendessen sind keine Seltenheit: Ou Xiaohua, Chefköchin im „Yellow Door", kommt aus einem Bergdorf der Provinz Sichuan und liebt die scharfen Speisen ihrer Heimat

Kunst und Essen. Morgens feilt der 54-Jährige an seinen Kolumnen, abends lässt er seine langen, grauen Haare im Zug der erbarmungslosen Klimaanlage so wehen, wie sich das für einen Kunstkritiker gehört – und spielt den Kellner. Naja, den Gastgeber eigentlich. Lau Kin Wai kann jeder treffen, Lau hat nämlich ein Restaurant eröffnet. Vielmehr: erfunden. Keines von der gewöhnlichen Sorte. Als Lau im Jahr 1999 begann, Essen gegen Geld zu servieren, da wurde er unversehens zum Schöpfer eines Trends. Lau schenkte Hongkong seine erste „Wohnzimmer-Küche".

Freunde hatten Lau gebeten, sich für ihren siechen Möbelladen etwas einfallen zu lassen. Und so begannen sie, am Wochenende aufzutischen. Lau ging einkaufen, die Frau des Freundes kochte. Sichuan-Küche. Scharf. Umwerfend. Tatsächlich kochte die Frau so gut, dass die Küche des Luxushotels „Mandarin Oriental" auf sie aufmerksam wurde und sie für einen Abend die Woche auslieh – ein Märchen war geboren, und die Medien stürzten sich darauf. Die Folge: „Plötzlich mussten die Leute vier Monate vorbestellen, um bei uns zu essen." Folge Nummer zwei: Die Freundin machte sich selbstständig. Lau suchte sich eine neue Köchin – frisch aus Sichuan –, zog aus dem Möbelladen in eine Privatwohnung und perfektionierte seine Erfindung. Noch heute gelten Laus zwei Gebote: „Einlass nur nach Vorbestellung" und: „Das Menü bestimmt der Koch, nicht der Gast."

Inzwischen hat Lau mehr als 50 Nachahmer allein in Central gefunden, dem Business-Distrikt der Insel. *Sifang cai*, „Privatwohnungs-Essen" nennen sich die Wohnzimmer-Küchen auf chinesisch. Es geht bunt her: In einer Wohnung wird amerikanisch gekocht, in einer anderen serviert eine buddhistische Nonne Vegetarisches. Alle funktionieren nach dem gleichen Prinzip: Man miete eine Wohnung, ignoriere die Lizenz-Behörde, stelle Tische und Klappstühle in Wohnzimmer und Flur und zuletzt eine Köchin in die Küche, der dann alle zugucken können. Werbung gibt es so wenig wie ein Schild vor der Tür. Wer gut ist, dessen Ruf wird von Mund zu Mund weiter getragen. Laus „Yellow Door" – benannt nach der gelben Eingangstür im 6. Stock – und das „Da Ping Huo" seiner ehemaligen Partnerin zählen noch immer zu den populärsten Wohnzimmer-Küchen, auch wenn die verrückten Zeiten längst vorbei sind, da man Monate im Voraus bestellen musste: „Am Anfang kamen die Leute aus purer Neugier", erzählt Lau. „Das ist vorbei. Heute muss man Qualität servieren. Schließlich geht der Kunde auch ein Risiko ein: Bis er zur Tür hereintritt, weiß er nicht, was er serviert bekommt."

Lau ist ein verspielter Typ, aber es packt ihn auch mal der Zorn. Ein „Verbrechen" nennt er den Geschmacksverstärker MSG (Monosodiumglutamat), in chinesischen Restaurants die Allzweckwaffe zweitklassiger Köche. „Verrückt und gierig", schimpft er Hongkongs Gastwirte. Lokale für 2000 Leute? „Das sind keine Restaurants, das sind Essens-Fabriken." Lau ist ein Mensch, der gern Dinge anstößt. „Hongkong ist ideal dafür: So viele Leute auf so engem Raum." Hier lebt man intensiv, Neues pflanzt sich schnell fort. „Ich will ändern, wie die Leute denken", sagt Lau – „und wie sie essen. Und so kämpft er nicht nur gegen MSG

Gourmet, Kunstkritiker und Trendsetter in einem: Lau Kin Wai, Chef des „Yellow Door", etablierte das erste Wohnzimmer-Restaurant der Stadt

MERIAN | TIPP Privat-Restaurants

Yellow Door
(A 8) 6/F, Cheung Hing Commercial Building, 37 Cochrane St. Central
www.yellowdoorkitchen.com.hk
U-Bahn: Central, Ausgang D2
Tel. 28 58 65 55
Fax 28 58 66 02
Preis: ca. 220 HK$ pro Person
geöffnet abends tgl. ab 19 Uhr, mittags Mo-Fr 12-14.30

Gitone 100
(C/D 9) 1/F, 100 Queens Rd. East, Wan Chai, U-Bahn: Wan Chai, Ausgang A3, Tel. 25 27 34 48 Öffnungszeiten u. Reservierung nach telefonischer Vereinbarung

und Fleischzartmacher aus dem Lebensmittellabor, sondern auch gegen den alten chinesischen Brauch, alle Gerichte auf einmal auf den Tisch zu bringen und dann auf der „Lazy Susy" einen Abend lang kreisen zu lassen. Im „Yellow Door" gibt es keine solche Drehscheibe, hier wird nacheinander serviert. „Jedes Gericht verdient Respekt", sagt Lau: „Jedes braucht die ihm angemessene Temperatur."

Heute sind es 16 Gänge. Die kalten Vorspeisen zuerst: Lotoswurzel, marinierte Entenzunge, knuspriger Aal mit Orangenschale. Das *kou shui ji*, das „Huhn, welches das Wasser im Mund zusammenlaufen lässt", wird heiß serviert: Neben den Hühnerstückchen schwimmen Chilis und Sesam im Öl. Spezialität des Hauses ist die mit Klebereis gefüllte Ente, drei Stunden lang geschmort, gespickt unter anderem mit Aprikosen, Pilzen und Wurst aus der Pfefferprovinz Sichuan. Von dort stammt auch das Rauchfleisch, das Lau von seinem letzten Schlemmerausflug nach Chengdu mitgebracht hat. Lau geht regelmäßig auf die Jagd nach neuen Gerichten. In Yunnan, sagt er, sei er unlängst auf eine Suppe aus Sojabohnen gestoßen. Der Bus war zusammen gebrochen, da stieg er aus und bestellte in der kleinen Garküche am Straßenrand eine Schüssel. Noch jetzt schwärmt er: „Ein ganz raffinierter Geschmack, fast französisch." Lau arbeitet noch daran, die Suppe nachzukochen: mit einer besonderen Sorte grüner Paprika und Blütenpfeffer. Nach den Rezepten, sagt er, frage er nie, das sei aussichtslos: „Das sind die größten Geheimnisse der Köche in China."

Lau kocht nicht selbst im „Yellow Door", in der Küche steht Ou Xiaohua, eine 31-jährige Köchin aus einem Bergdorf in Sichuan. Ou hat das erste Mal Rindfleisch gekostet, als sie neun Jahre alt war: Da war ihr beim Hüten des Dorfviehs eine Kuh in die Schlucht gefallen. Als Nachtisch bereitet sie heute auf der Zunge zerfließenden Tofu mit zerstampften Erdnüssen, der bis zum Rand in Chili-Öl schwimmt. So scharf wie süß! Behaupte nochmal einer, Hongkong könne nicht mehr überraschen. □

MERIAN | TIPP Chinas Küchen

Hongkonger lieben das Essen. Mindestens 8000 Restaurants und Straßenküchen soll es in der Stadt geben, die genaue Zahl kennt keiner, denn gerade die kleinen Garküchen kommen und gehen schneller als der fleißigste Statistiker sie erfassen könnte. Für die Chinesen ist Essen eine soziale Angelegenheit, kaum jemand geht allein ins Restaurant. Am häufigsten wird **kantonesische Küche** serviert, die sich durch kurzes, scharfes Anbraten oder Dünsten der Zutaten und den sparsamen Einsatz von Gewürzen auszeichnet. Die Kantonesen haben den Ruf, alles zu essen, was vier Beine hat – außer den Tisch –, alles, was schwimmt – außer Schiffe – und alles, was fliegt – außer Flugzeuge. So ist es nicht verwunderlich, dass einige ihrer Spezialitäten für europäische Augen und Zungen nur schwer verträglich sind. **Tausendjährige Eier** etwa sind zwar nur einige Monate alt, werden aber durch die Behandlung mit Asche, Salz und Kalk zur kulinarischen Mutprobe. Auch Entenfüße, Kuhmagen, Quallen, Haifischflossen oder Schwalbennester sind für viele westliche Touristen gewöhnungsbedürftig.
Absolut verträglich sind dagegen **Dim Sum**, was übersetzt etwa „Köstlichkeiten für das Herz" bedeutet. Die kleinen Portionen werden – warm oder kalt, süß oder herzhaft – meist in runden Bambuskörbchen serviert, und viele Köche arbeiten tatsächlich mit Herzblut daran, Garnelen in Reisteig perfekt einzurollen oder gedünstete Klöße mit einer fein abgeschmeckten Mischung aus Schweinefleisch, Nüssen und Gemüse zu füllen.
Das Aushängeschild der nordchinesischen Küche ist die **Peking-Ente**, die durch eine raffinierte Gewürzmischung und Honigmarinade ihren unvergleichlichen Geschmack bekommt und vom Kellner am Tisch tranchiert wird. Die **Sichuan-Küche** ist berühmt für den schwarzen Pfeffer der Provinz, mit dem gut und großzügig gewürzt wird. Auch Knoblauch und Chili fehlen selten, was die Speisen oft feurig macht. Typische Gerichte aus Sichuan sind die geräucherte Ente, der Bohnenquark mit Chili und die saure Pfeffersuppe.

>> weitere Restaurant-Tipps im Service-Teil auf Seite 128

Schnell ins Grüne

Rund um Hongkong liegt ein riesiger Garten, 40 Prozent der Stadtfläche sind Naturschutzgebiet. Einsame Inseln und die Weite der New Territories bieten das perfekte Revier für Großstädter, die das Wandern neu entdecken – als Mix aus Erholung und Leistungssport

Text: Verena Lugert

Natur als Gruppenerlebnis: Hongkonger gehen selten allein auf Tour, gerade berühmte Strecken wie der 70 Kilometer lange Lantau-Trail durch die einsame Hügellandschaft der gleichnamigen Insel stehen oft auf dem Programm städtischer Wanderclubs

Foto: James Marshall

Ein Ort der Andacht sorgt für gutes Feng Shui: der Memorial Pavilion der Kadoorie Farm in den New Territories

Ruhe finden auf stillen Wegen

Ausdauertraining: Der MacLehose-Trail führt von der Halbinsel Sai Kung im Osten über 20 Berge nach Tuen Mun im Westen. Jedes Jahr im November starten 5000 Wanderer, um die 110 Kilometer des „Big Mac" in weniger als 48 Stunden zu schaffen

Foto: Guido Cozzi

Über alle Hektik erhaben: Die majestätische Buddha-Statue des Po Lin Klosters auf Lantau gehört zu den größten weltweit

Faszinierender Blick vom Rücken des Drachen: „Dragon's Back" nennen die Einheimischen die zerklüftete Ostküste von Hongkong Island. Vom 312 Meter hohen Pottinger Peak sieht man auf die Big Wave Bay und auf Shek O, das letzte Dorf der Insel

Natur, die allen Sinnen schmeichelt

Foto: Edward Stokes

Am Etappenziel: gute Laune, wunde Füße und tosende Brandung vor den Klippen von Tap Mun Chau

Entspannen nach Strapazen

Es geht kein Wind durch das nächtliche Hongkong. In der drückenden Schwüle des subtropischen Waldes strömt der Schweiß in Bächen. Die Zikaden schreien und das Herz rast. Es geht hinauf, weiter hinauf, in zu vielen Stufen, mit Hongkonger Wanderern, die wie aufgezogen einen Fuß vor den anderen setzen. Es ist dunkel, die Taschenlampe hat ihren Geist aufgegeben. Zweimal bin ich bereits der Länge nach hingeschlagen, weil sich Wurzeln wie Elbenfinger um die Fußknöchel legen. Der Wald ist dunkel – von unten glänzen Lichter durch die mannshohen, dicknoppigen Farne wie ein buntleuchtendes Raumschiff. Unwirklich wächst die Stadt aus der Wildnis empor.

Vor wenigen Stunden waren wir noch in einer anderen Welt. Als gut gelaunte Wandertruppe haben wir uns in einer der spektakulären Megamalls am Nordostrand Kowloons getroffen, gespornt und gestiefelt in einer Selbstbedienungs-Cafeteria eingeschweißte Gerichte mit Einwegstäbchen gegessen. Fotos der letzten Touren machten die Runde, von Spinnen in Klodeckelgröße. Doch die bringen sie nicht aus der Fassung, die jungen Banker, Ingenieure und Marketingdamen, die sich an der Polytechnischen Hochschule Hongkongs im Wanderverein kennengelernt haben. Das Studium ist beendet, doch die Outdoor-Begeisterung von Heidy, Michael, Esther, Ruby und Mike blieb. Und mit ihr das Faible für die Hightech-Ausstattung, für Kompasse, Trekking-Schuhe und Rucksäcke, hinter denen sie fast verschwinden. Heidy ist die Chefin der Truppe, sie macht die Pläne, kalkuliert die Routen, nordet die Truppe ein.

Wandern ist Mode unter den Großstädtern vom Duftenden Hafen. Gesund zu leben, steht bei den Hongkongern hoch im Kurs. Als die Lungenkrankheit Sars 2003 die Stadt heimsuchte, stoben die Hongkonger an den Wochenenden hinaus auf die Inseln und in die Natur der New Territories, Hongkongs gigantischem grünen Garten. Die Flucht aus der Enge der Großstadt trieb die Menschen ins Umland. Um zu wandern – in der saftiggrünen Natur, am blauen Wasser, um die Lungen mit frischer Luft zu füllen und nicht mit dem viral versetzten Brodem des Molochs. Doch der Hongkonger wandert nicht allein, sondern wohlorganisiert, im Wanderclub geht es raus, in die Wildnis.

Angereist sind wir mit dem Bus, abends, die Luft war mild, der Verkehr heftig, Hongkong hat seine Lichtkanonen geladen, wirft sich das Glitzerkleid über. In einer Nachtwanderung werden wir den Lion Rock besteigen und ins Naturschutzgebiet der Halbinsel Sai Kung marschieren. Dort wollen wir über Nacht zelten und am nächsten Tag auf ein Inselchen übersetzen und die Schönheit der New Territories genießen. Und weil erst tiefes Leiden den Genuss ins Unendliche steigert, müssen wir vorher rauf auf den Löwenkopf.

Jeder Schritt treibt den Schweiß aus den Poren, die trainierte Truppe nimmt den Berg im Stechschritt und ist nur von hinten zu sehen. Als ginge es um das Leben, hetzen wir über Stock und Stein.

Foto: Edward Stokes

Klare Grenzen zwischen Stadt und Natur: Wie in den Urwald hineinmontiert wirkt die Skyline des Vororts Aberdeen im Süden von Hongkong Island

Organisiert in die Wildnis

Endlich am Gipfel, schlägt sich ein grandioses Panorama auf: die Lichter, die Bucht, Hongkong Island. Aus der dampfenden Natur sieht man hinab auf die Stadt, die wie Diamantenstaub schimmert. Unsere Gruppe formiert sich, es wird digital fotografiert, siegreiche Daumen werden gereckt, Fotos, immer wieder Fotos. Von hinten, von vorn, auf der einen Seite die Stadt, auf der anderen wilde Natur.

Das Hongkonger Umland ist spektakulär. Fast 40 Prozent der gesamten Fläche Hongkongs sind ausgewiesenes Naturschutzgebiet, über 400 Quadratkilometer. 234 Inselchen bekränzen Hongkong-Island, subtropischer Regenwald ist durchsetzt mit Wasserfällen, die wie Feenschleier zwischen dem Grün aus Bambus und Flechten wehen. Mit Grasflaum bewachsene Hügelketten schmiegen sich wie schlafende Katzen in die Landschaft. Schmetterlinge trinken aus grellen, duftenden Blüten. Seen in Blau, Opale in einer tiefgrünen Fassung aus hautigem Blattwerk, über denen psychedelisch-bunte Libellen im Takt der Zikaden tanzen.

Dies ist die unbekannte Hälfte der Metropole, ein Hongkong mit feinsandigen Stränden und rauen Küsten, an denen sich das Meer wütend bricht. Mondlandschaften, organisch anmutende Steinformationen. Den Weg kreuzen Affen, und rosa Delphine zeichnen Bögen ins Meer.

Wie kommt es, dass auf einem der teuersten Pflaster der Welt Raum von der Größe des Bundeslandes Bremen als Naturschutzgebiet ausgewiesen ist? Da gibt es einmal die Verschwörungstheorie: Durch Verknappung sollen die Preise für Wohnraum und Baugrund künstlich hochgehalten werden. Die pragmatischere Version: Das Hongkonger Umland besteht größtenteils aus Wetland, feuchtem Grund, der schlechterdings nicht bebaut werden kann. Und die mystische: Um das Feng Shui nicht zu stören, lässt man das Bauen besser sein.

Für ein gutes Feng Shui sorgen Berge im Rücken und der Blick auf das Wasser. Und schlechtes Feng Shui kann korrigiert werden: mit einer Pagode, die in die Landschaft gesetzt wird wie eine Akupunkturnadel in den Körper, um einen schlechten Energiefluss zu manipulieren. Zu Hause tut das schon ein Goldfisch im Glas. Und setzt man noch einen schwarzen Fischkameraden dazu, ist das ein Schutz gegen Einbruch.

Das grüne Hongkonger Umland hat ein perfektes Feng Shui – Wasser, Weite und Wind, Hügel und sehr viele Tempelchen. Und eine unwahrscheinlich hohe Geisterpopulation, glaubt man den Legenden. Beseelte Bäume und wonnige Drachen, die in der Abendluft Hasch-mich spielen. Versuche, irgendeinen der Haine zuzubetonieren, haben schon zu gewalttätigen Auseinandersetzungen geführt. Denn, so glauben viele, bei Missachtung der Feng-Shui-Gesetze hagelt es harte Konsequenzen. Krankheit, Geisterterror und verminderte Prosperität.

Unsere Wandertruppe hat ihren nächtlichen Zielpunkt erreicht, Mike und Heidy schlagen die Zelte auf. Bevor sich alle in die Schlafsäcke verkriechen, bringt Esther auf einer winzigen Gasflamme Wasser für ein paar Becher Instant-Nudeln zum Kochen. Erst am nächsten Morgen bei Tageslicht kommt die herrliche Lichtung zur Geltung, die mit ihrem perfekten Feng Shui – Berge im Rücken und Blick auf das Wasser – einen idealen Landeplatz für Drachen abgeben dürfte.

Chinesen sind Frühaufsteher, schon als wir zusammenpacken, kommt uns die erste Wandertruppe entgegen. Ein etwa 80-jähriger Mann mit einem roten Handtuch im Nacken führt die Gruppe an, eine Frau stützt sich mit Stöcken ab, aus einem Transistorradio tönt Simon and Garfunkels „Sound of Silence", fast alle tragen ein Handy an der Gürtelschnalle, einen Knopf im Ohr und sprechen kantonesische Tonschleifen in ihr Halsmikrofon. Die Gruppe schreitet zügig vorüber und hinterlässt Stille. In einem Hain zieht eine ältere Frau in unendlicher Verlangsamung ihren Arm durch die Luft zu ihrer Körpermitte. Tai Chi, wo das Chi am besten fließt.

Wir sind auf dem Weg zum Inselchen Tap Mun Chau, auch Grass Island genannt, marschieren durch weiche, grüne Hügellandschaft, vorbei an Kaskaden von Bougainvillea und der blitzblauen Küstenlinie des Südchinesischen Meeres, auf dessen Wellen die farbigen Segel der Windsurfer tanzen.

Bei einer Pause an einem der zahlreichen Picknickplätze treffen wir auf gleich mehrere Gesellschaften, alle tragen bunte T-Shirts und Sonnenhüte. Familienväter halten Spieße mit ganzen Hühnerbeinen ins Feuer, in der Luft hängt der Sommerduft

Kein Weg zu weit, kein Fels zu hoch: Outdoor-Fans wie die Hongkonger Freunde Mike, Michael, Esther, Heidy und Ruby gehen jedes Wochenende auf Tour, suchen nach immer neuen Routen. Ihr Traum: irgendwann eine eigene „Wander-Agentur" gründen und andere Städter für die Natur begeistern

von gegrilltem Fisch. Die Kinder spielen erwartungsfroh mit ihren Essstäbchen, die Mütter schützen ihre empfindliche Haut mit Regenschirmen vor den Sonnenstrahlen.

Großstädter auf ländlicher Stippvisite legen großen Wert auf Hygiene: Ein Vater öffnet eine Tüte eingeschweißter Bockwürste, streift sich mit der routinierten Gewissenhaftigkeit eines Neurochirurgen Einweghandschuhe über und spießt die Würstchen in Reihe und Glied auf. Derweil überklebt die Mutter die Betonbänke mit Zeitungspapier und zieht ihnen Jäckchen aus Plastiktüten an. Wir packen zusammen, steigen bergab zum Meer, dann ins Boot Richtung Grass Island. Das Schiffchen rast durch die Wellen, die Passagiere hüpfen auf den Holzbänken auf und nieder, eine Woge schwappt über das Boot, alles wird nass, der Kapitän lacht vor Freude.

An Land stemmen die Schiffsjungen die Bootsinsassen auf einen Steg, auf dem Krabben und Fische schimmernd trocknen. Rechts und links erstreckt sich eine Zeile mit Buden, Verkäufer bieten getrocknete Seepferdchen, platte Kröten, gedörrtes Gewürm gegen allerlei Zipperlein. Es riecht nach Salz, Meer und Urlaub, aus den Restaurants duftet es nach gebackenem Krebs mit Ingwer und Frühlingszwiebeln.

Eine Besucherwalze schiebt sich zwischen den Buden hindurch, an den Jacken kleben Buttons in Gelb, Grün und Pink, getragen von den Touristen verschiedener Reisegruppen, deren Schiffe hier ankern. Führer mit Fähnchen und Megaphon treiben die ihnen Anvertrauten wie Schafe durch die Gasse. Als ein Großväterchen ausschert, um die getrockneten Oktopusse näher zu betrachten, wird es schnell wieder eingefangen. „Es gibt jetzt Essen!“, schnarrt es aus dem Megaphon, der alte Mann schaut dem Dörrfisch hinterher.

Im Summen der Massen verlieren sich hypnotische Klänge. Sie kommen von weiter oben, aus dem Tempel, der Tin Hau geweiht ist, der Göttin der Seeleute, die für eine sichere Heimfahrt der Fischer sorgt. Weil auf dieser Insel alles den erfreulichen Aspekten des Lebens gewidmet scheint, ist auch Tin Hau keine strenge Göttin, sondern eine fidele Dickmadam, die über beide Ohren grinst. Auch die seriösen steinernen Löwen, die sonst die Tempelpforte rechts und links bewachen, sind hier strahlende Möpse, die vergnügt ihre Glubschäuglein rollen.

Die Natur zeigt ihre überbordende Fülle, Vögel zwitschern, Buschrosen blühen, reife Papayas schaukeln im Wind. Am Fuße eines sanften Berghangs liegt die Polizeistation von Grass Island, es muss ein ruhiger Job sein, hier auf der Insel der Seligen für Recht und Ordnung zu sorgen. Selbst der Hügel steigt sanft an und nicht steil wie der Löwenkopfberg, ein Rasenplateau bedeckt den Gipfel wie ein grünsamtenes Kissen. Kinder lassen hier rote Drachen im Wind steigen, ein Mädchen bläst Seifenblasen in Regenbogenfarben gegen das Wasser.

Das nervöse Vibrieren Hongkongs ist einer verspielten Gelassenheit gewichen. Man geht nicht, man schlendert. Man spricht nicht, man plauscht. Man isst nicht, man nascht – in Sesam gewälzte Zuckerwalnüsse, süßsaure Pflaumen und gesalzene Sonnenblumenkerne. Esther, Heidy und Ruby blicken versonnen auf das Meer, wir alle lauschen der Musik der Brandung.

Diesen Ort müssen sie lieben, die Geister. Rechts ragt der Balanced Rock aus dem Wasser. Zwei Felsblöcke, die übereinander gestapelt der Gischt trotzen. Es heißt, die Götter hätten ihn als Siegel verwendet, um böse Geister in Schach zu halten. Das scheint gelungen.

Die helle Sonne bricht sich im Wasser und lässt die Luft flirren. Bei geschlossenen Augen meint man Schemen zu sehen. Von mit Schildpatt und Gold geschuppten Drachen, die auf der Wiese spielen. Fast glaubt man ihr tosendes Juchzen zu hören, wenn das Meer gegen die Klippen rollt.

Zurück auf das Boot.

Von dort zum Bus. Im Fernseher läuft Werbung, die Handys von Heidy, Mike, Ruby und Esther laufen heiß. Nach 20 Minuten steht der Bus im Stau. Klimaanlage statt Fahrtwind. Hongkong grüßt glitzernd, vom Wasser umspült. Im Rücken die Berge. □

Verena Lugert, *freie Autorin, kennt das chinesische Großstadtleben, seit sie ein Jahr lang in Shanghai arbeitete. Das Wandern in Hongkongs grünem Garten war für sie eine neue Erfahrung.*

MERIAN | INFO Touren

Wanderwege in allen Schwierigkeitsgraden durchziehen das Umland von Hongkong. Die drei berühmtesten sind die „Big Three“: Der **MacLehose Trail** führt über 110 km durch die New Territories und über den höchsten Berg Hongkongs (Tai Mo Shan 957 m). Auf dem 70 km langen **Lantau Trail** durchwandert man die Insel Lantau und besteigt den dritthöchsten Berg Hongkongs, den 869 m hohen Tai Tung Shan. Der 50 km lange **Hongkong Trail** führt vom Victoria Peak durch Hongkong Island bis nach Shek O an der Ostküste. Alle Wege sind anspruchsvolle Mehrtagestouren, einzelne Etappen lassen sich aber oft an einem Tag gehen, viele Start- und Endpunkte sind mit öffentlichen Verkehrsmitteln zu erreichen. Detaillierte Informationen zu Wanderungen bietet das Hongkong Tourism Board (HKTB) in der Broschüre „Hong Kong Walks“, in der u.a. Touren auf **Lantau, Lamma, Cheung Chau,** durch **Sha Tin** und die Umgebung der **Tai Tam Reservoirs** vorgestellt werden. Geführte Wanderungen bieten Roger Walker and Seonaid McLeod mit ihrer Firma **„Walk Hong Kong“** an. Auf dem Programm stehen unter anderem Touren zum **Lion Rock** im Lion Rock Country Park (Dauer: 4 Std.), zu **einsamen Stränden** der New Territories (Dauer 5,5 Std.) oder in den Westen der grünen Halbinsel **Sai Kung** (Dauer: 5 Std.). Reservierung unter Tel. 93 59 90 71 oder 91 87 86 41, walks@walkhongkong.com, www.walkhongkong.com).

Rhesusaffen bevölkern den Sai Kung Country Park in den New Territories

Bei allen Wanderungen sind gute Schuhe, Getränke und Sonnenschutz unverzichtbar, bei Regen ist Vorsicht geboten. Viele Berge steigen schnell vom Meeresspiegel bis zu knapp 1000 Meter Höhe an, steile Partien werden oft nahezu unpassierbar. Gute Tourenvorschläge bietet auch der Wanderführer „Exploring Hong Kong's Countryside“, der ebenfalls beim HKTB zu bekommen ist.

>> weitere Tipps im Service-Teil auf S. 118

EUROPAS GESAMMELTE SCHÖNHEITEN.

ISBN 3-7742-5801-5 / 9,95 € [D]

ISBN 3-7742-5930-5 / 9,95 € [D]

ISBN 3-7742-6106-7 / 9,95 € [D]

ISBN 3-7742-6551-8 / 9,95 € [D]

MERIAN | live! | classic | guide | kompass | scout

Ob feuriger Ätna oder kühler Nordkap, ob Kulturgenuss am Königssee oder Fiesta in Andalusien – mit den MERIAN *live!* Sonderausgaben treffen Sie auf Europas schönste Höhepunkte. Die MERIAN *live!* Reiseführer: kompetente Autoren, nützliche Tipps, aktuelle Adressen, umfangreicher Kartenatlas. Überall, wo es Bücher gibt. Mehr Informationen unter **WWW.MERIAN.DE**

MERIAN *live!*
Die Lust am Reisen

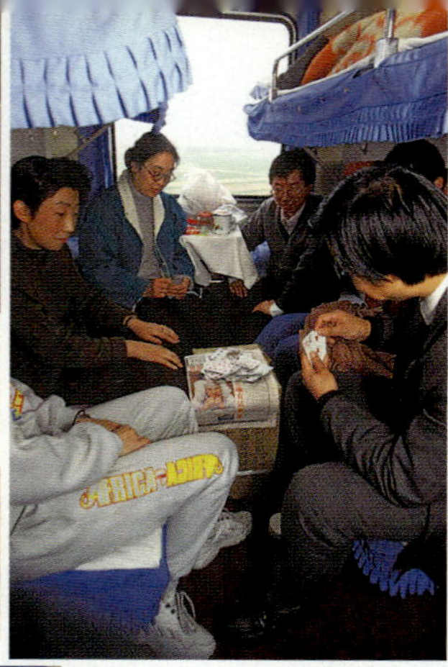

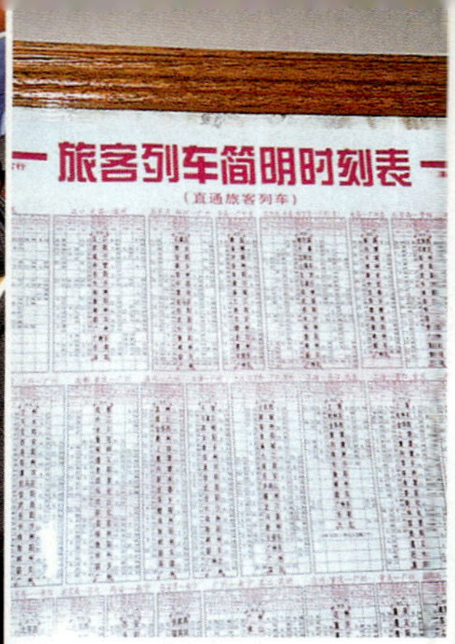

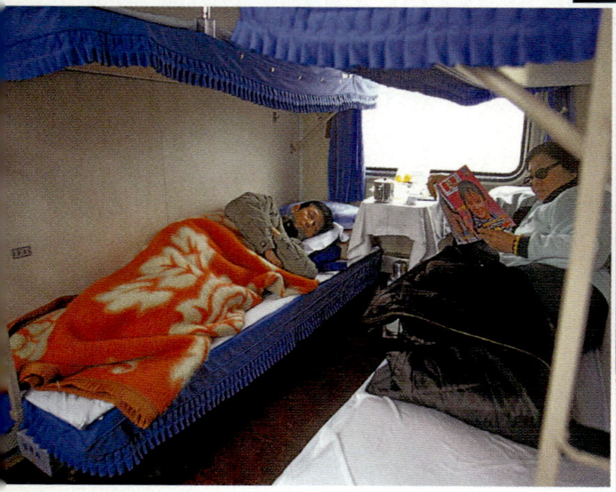

Wer den Zug von Peking nach Hongkong auf die letzte Minute erwischt, hat schlechte Chancen auf einen Sitzplatz. Die Mitpassagiere haben es sich längst bequem gemacht, spielen Karten oder studieren Pläne. Echter Luxus für die Fernreise: ein Bett im Viererabteil oder ein Platz im Speisewagen mit freundlicher Bedienung

Zu jeder Tages- und Nachtzeit sind statistisch elf Millionen Chinesen mit der Bahn unterwegs. Selbst Stehplätze sind hart umkämpft. Die Verbindung Peking ⟷ Hongkong zählt zu den wichtigsten des Landes: 3000 Kilometer, von Nord nach Süd durchs Reich der Mitte

30 Stunden im Abteil

Text: Verena Lugert

Nach Hongkong mit dem Zug, vom eisigen Winter in Peking, wo in der Verbotenen Stadt Schneemänner stehen, in den Süden: über 3000 Kilometer in 30 Stunden, mit einem Stopp in Kanton.

Es ist Abend, das rote Taxi quält sich durch den Hauptstadt-Stau bis Beijing Xi, dem Westbahnhof. Allein der Bahnhof, was für ein Wahnsinn! Ein monströser Termitenhügel, Umschlagplatz für Millionen Chinesen – Studenten, Geschäftsleute, Wanderarbeiter. Betreten darf ihn nur, wer eine Fahrkarte hat, die Kontrollen sind scharf. Zu jeder Tages- und Nachtzeit sind im Schnitt elf Millionen Chinesen per Zug unterwegs.

An den Eingängen hängen dicke Trauben von Menschen, es wird geboxt und getreten, Männer schreien sich an, Frauen keifen. Alle versuchen, sich selbst und ihr Gepäck – mannshohe Bündel, Kartons und überdimensionierte karierte Plastiktaschen – ins Gebäude zu bringen. Glücklich im Bahnhof, kann man nicht gleich zum Gleis, jede Destination wird von einem anderen Raum aus angewartet.

Die Wartehalle quillt über, niemand findet mehr Platz in den orangenen Plastiksitzschalen. Schlecht gelaunte Uniformierte rufen den Zug aus, die Wartebatterie bewegt sich, noch einmal durch eine Kontrolle, dann steht man vor dem Zug. Ein Wogen von schwarzen Scheiteln, unzählbar, am Bahnsteig. Menschen, die drücken, quetschen und Boden gutmachen.

Wer jetzt harte Klasse fährt, hat keine Garantie auf einen Sitzplatz und steht unter Umständen 30 Stunden lang. Als die Masse den Zug entert, kommt es zu einer Prügelei. Pressen und Schieben. Wenn alles ganz eng wird und schier unerträglich, haben die Chinesen die Gabe, sich zu verabschieden von der Außenwelt. Sie versenken sich nach innen, nehmen ihre Seele aus dem Blick, halten aus.

„Ren tai duo le!", hört man oft, wir sind einfach zu viele. An Bushaltestellen, an den Sonntagnachmittagen im Park, zum Frühlingsfest, wenn über tausend Millionen Menschen gleichzeitig Urlaub haben. *Ren tai duo le.*

In der weichen Klasse sind die Plätze reserviert, ein bunter Musikcocktail aus chinesischer Halbtonmusik, Tschingdarassabum und Kaufhausmelodien säuselt durch das Abteil. Der Zug fährt los, Funken stieben in die Nacht, es wird geschweißt und gebaut in der Stadt, Wanderarbeiter sitzen auf Bambusgerüsten im Flutlicht und lassen neue Hochhausmaschinen in Pekings Smoghimmel wachsen.

Im Zug wird es geschäftig. *„Mai dongsi!"* – „Kauf was!", herrscht eine Frau ihren Gatten an. Die kleinen Stahlwägelchen rollen unablässig durch die Gänge, es gibt Zahnbürsten, Süßigkeiten und Klopapier. Das Restaurantwägelchen führt Bratreis, Gemüse und Fleisch, angerichtet auf Styroporschachteln für gut einen Euro. Die Kellnerinnen tragen Kopfbedeckungen wie Ordensschwestern.

Der Zug fährt, vorbei an den Slums der Stadt, im Hintergrund leuchten Hochhäuser. Bald beginnen die Felder, gelbbraune Erde, die seit Jahrtausenden bewirtschaftet wird. Zwei alte Frauen ziehen einen Karren wie Lasttiere hinter sich her. Alles macht sich bereit zum Schlafen, wo es Abteiltüren gibt, gehen sie zu. Der Zug schaukelt die Schlafenden südwärts.

Der nächste Morgen zeigt grüne Landschaft. Der Waggon summt vor Betriebsamkeit, die Menschen waschen sich, wickeln die Babys und speien auf den Boden, die ersten Zigaretten werden geraucht, die Gläser mit grünem Tee gefüllt. Nackte Fußsohlen recken sich. Im Restaurant wird im Akkord gearbeitet, in der Küche im Wok gescharrt. Es gibt keinen Kaffee, dafür Spitzenstores. Ohne Koffein schlummert man ein, träumt vom Reisen vor 100 Jahren, als es von London aus mit dem Zug durch ganz Asien nach Hongkong, der Kronkolonie, ging. Wo feinen englischen Damen von livrierten Dienern serviert wurde, auf Damast und mit Silbergedeck.

Zurück in der Realität rumpelt der Servierwagen durch den Gang, Dosen mit „Tsingtau", dem chinesischen Bier, oder mit stark gesüßtem Chrysantementee stehen zum Verkauf.

Der Zug hält, Menschen steigen aus und zu, das Grün draußen wird üppiger, Bauern bestellen die Felder, die mit Lehmmauern eingefasst sind. Es dämmert; mit einem Reisigbesen wird der Boden gefegt.

Die Tür, die die harte von der weichen Klasse trennt, ist verschlossen. Durch die Scheibe sieht man Menschen im Stehen schlafen.

Zurück im Abteil knacken die Schritte, der Boden ist übersät mit den Schalen von Sonnenblumenkernen und Essensresten. Über den Boden rollen leere Bierflaschen von Wand zu Wand. Die Mitreisenden spielen Karten – um Geld.

Es ist tiefe Nacht, als der Zug im Kantoner Hauptbahnhof einfährt. Chinesisches Chaos, feuchtwarme Luft. Am frühen Morgen geht es mit dem Taxi durch Kantons Gassen, vorbei an Ständen mit Katzen und Wannen voller Skorpione.

Der Ostbahnhof, von dem die Züge nach Hongkong fahren, ist ein Muster an Effizienz. Die Schilder auf Englisch, glatter Marmor. Kein Gedanke mehr an die Massen im Pekinger Bahnhof.

Im klimatisierten Zug sitzen die Menschen in Kostüm und Anzug, sprechen gedämpft. Draußen ist noch China, doch die Landschaft verändert sich, alles wirkt aufgeräumter als drüben in Mainland China. Die ersten pastellfarbenen Wohnblöcke tauchen auf, hohe Türme in Gruppen eng aneinander gedrängt, mitten im Nirgendwo. Nach zwei Stunden Fahrt hält der Zug am Bahnhof Hung Hom in Kowloon. Die Passkontrolle ist streng, der Bahnhof hochgerüstet wie ein Flughafen. Der Taxifahrer hält die Tür auf, er spricht britisches Englisch.

Ein Land, zwei Systeme. □

MERIAN | TIPP Bahnfahren in China

In China gibt es offiziell keine Klassen, deswegen werden die vier Kategorien in „hart und weich sitzen" sowie „hart und weich liegen" unterschieden.

Hard Seat (*ying zuo*) ist die billigste Art des Reisens. Die Waggons sind zum Bersten voll, es wird geraucht und auf den Boden gespuckt. Am gleichen Tag gekaufte Tickets garantieren keinen Sitzplatz, wer Pech hat, steht die ganze Fahrt über.

Deutlich besser ist es im **Hard Sleeper** (*ying wo*): Jeder Passagier hat eine Reservierung für eine Liege, von denen es pro Abteil sechs gibt – rechts und links drei übereinander. Saubere Bettwäsche wird bereitgestellt. Die Abteile haben keine Türen, um halb zehn Uhr abends geht das Licht aus. Am besten sind die mittleren Liegen (*zhongpu*), denn die unterste (*xiapu*) ist tagsüber Sitzplatz für alle Abteilgenossen. In der obersten Liege (*shangpu*) läuft man ständig Gefahr, sich den Kopf anzuschlagen.

Soft Seat (*ruan zuo*): Diese Waggons gibt es nur auf kürzeren Strecken. Sie sind sauber, jeder Platz ist reservierbar, Rauchen verboten. Im **Soft Sleeper** (*ruan wo*) reist man am komfortabelsten: vier Betten pro Abteil, eine Tür, die sich schließen lässt, Spitzendeckchen und Plastikblumen. Dafür kostet ein weiches Bett allerdings auch fast doppelt so viel wie eine Liege.

Bahntickets kauft man am besten in einem der staatlichen CITS- (China International Travel Service) Reisebüros. Ihr chinesischer Name ist *zhongguo guoji luxingshe*. Natürlich kann man Fahrkarten auch am Bahnhof bekommen – was aber anstrengend sein kann. In großen Städten wie Peking und Shanghai gibt es jedoch Schalter für Ausländer, dort kann man sich auf Englisch verständigen. Und fast jedes Hotel besorgt die gewünschten Tickets gegen eine Gebühr von umgerechnet 2 Euro. Am besten besorgt man die Fahrkarten schon ein paar Tage im Voraus – sie sind schnell ausverkauft, besonders an chinesischen Feiertagen (Chinesisches Neujahr, 1. Mai, 1. Oktober). Gemessen an deutschen Preisen ist das Bahnfahren in China extrem günstig – die 3000 Kilometer von Peking nach Hongkong kosten im Soft Sleeper etwa 85 Euro.

macao

Viel Glück im Spiel

Als erste und letzte Kolonie vor dem Reich der Mitte schrieb die Insel Geschichte. Scharnier zwischen Ost und West ist sie noch heute. China regiert, Amerika investiert: Macao wird Asiens neues Las Vegas

Text: Christoph Hein

Foto: Massimo Borchi

Kultureller Mix: Chinesisch Neujahr feiern die Macanesen vor den portugiesischen Prachtbauten im Zentrum

Viel Betrieb auf europäischem Boden: Das kunstvolle Pflaster auf dem Largo do Senado ließen die Kolonialherren wie zu Hause in Lissabon legen

Foto Richard Jones

mediterran

und entspannt: ein Stück Portugal in China

Der Göttin A-Ma soll Macao seinen Namen verdanken. Dafür bekam sie ihren eigenen Tempel

In der Ruhe liegt die Kraft: Tai Chi im idyllischen Lou-Lim-Ioc-Garten

Obwohl katholisch geprägt, beten viele Macanesen im Tempel zur Patronin A-Ma

Der höchste Punkt der Insel: Kapelle und Leuchtturm auf dem Guia-Hügel

standfest

und selbstbewusst trotz wechselnder Herren

Nur noch Fassade: Von der Kathedrale São Paulo überstand allein die Front den Brand von 1835. Zuvor galt der Bau als prächtigste Kirche in Fernost

Foto: Manfred Mehlig

Frische Farben: Vor der Übergabe an Peking brachten die Portugiesen ihren Außenposten auf Hochglanz. Unter Chinas Führung macht Macao weiter, saniert alte Bauten und ganze Viertel

Foto: Bader & Kristiansen

Jimmy ist entspannt. Jimmy macht Scherze. Jimmy freut sich auf die Ausfahrt mit seiner Harley Davidson am Abend. Sein Antiquitätengeschäft hält er nur noch vom Mittag bis zum späten Nachmittag offen. Mit 74 Jahren will er ausschlafen und die letzten Jahre genießen. Außerdem läuft der Laden fast von selbst in diesen Tagen – dank der Chinesen, die in Macao ihr Geld ausgeben. „Die haben Augen so scharf wie Adler. Sie erkennen sofort, was Wert hat. Und sie sind einfachere Kunden als die Europäer – denen muss man alles erklären. Die Chinesen wissen genau, was sie wollen." Und so wandern die Figuren aus der Ming-Zeit, die Vasen aus der Tang-Periode und das Porzellan, das gerade ein paar Dekaden ohne Sprung hinter sich gebracht hat, aus Jimmys staubigen Regalen und Vitrinen dahin, wo es herkam: zurück über die Grenze, nach Festlandchina.

Für den Antiquitätenhändler in Macaos Antik-Meile Rua de Santo António sind die reisenden Chinesen das Glück der späten Jahre. „Die haben Geld, und sie geben es aus", sagt Jimmy. Er ist nicht der einzige, der auf Macao von Chinas Reiselust und -freiheit profitiert. Allen voran die Casinos, aber auch die Hotels, die Händler, die Museen und selbst Tam, der in der Rua dos Ervanários Räucherstäbchen für die Tempel bündelt und verkauft, sie alle leben von der Nachbarschaft zum Reich der Mitte: „Fertigen lasse ich heute in China, hier würde es 200 Prozent mehr kosten", sagt Tam während er sich den gelben Staub der Kräuter von den Händen klopft. „Wir verkaufen nicht nur an die Einheimischen, sondern auch an die Festlandchinesen. So kommen die Stäbchen aus China und gehen wieder dorthin zurück." Er lacht.

Macao, lange Zeit nur bekannt als Spielhölle und Tummelplatz der Triaden, hat einen neuen Weg eingeschlagen: Gespielt wird immer noch, und die Triaden schlafen nur. Aber nun kommen die Touristen, und sie sollen drei blitzsaubere Inselchen vorfinden. Inseln, die Attraktionen für die ganze Familie bieten: schönere Museen als in Hongkong, bessere Restaurants als in Kanton, europäisches Kulturerbe und chinesische Tradition, amerikanische Freizeitparks und katholische

Wie aus Zuckerguss: die 1997 komplett restaurierte São-Domingos-Kirche

Glauben und Visionen: Eine Statue ehrt die Göttin Kun Iam, der Macao-Tower ist Sinnbild des Fortschritts

Getrocknete Seepferdchen: Schmerzmittel der traditionellen chinesischen Medizin

Noch ist Stanley Hos „Lisboa" Macaos größtes Casino. Doch Investoren aus Las Vegas stecken Milliarden in die Insel

Kirchen. Auf der Hauptinsel grenzt eine weitgehend intakte chinesische Altstadt an die Paläste der portugiesischen Kolonialherren. In frischem Gelb getüncht strahlen die Fassaden der alteuropäischen Häuser unter fernöstlicher Sonne. Noch besitzen die beiden kleineren Nebeninseln Taipa und Coloane echte Dorfstrukturen. Bald aber sollen dort neue Resorts tausende von Touristen beherbergen. Wie früher ist Macao Scharnier zwischen Ost und West, nur nicht mehr unter Herrschaft europäischer Eroberer, Prediger und Händler. Sondern dort angekommen, wo es vor 500 Jahren bereits einmal war – unter Chinas Führung.

Seit jeher hat die Insel von den Fremden profitiert. Allerdings kamen sie über Jahrhunderte stets aus dem Westen. Das Eiland gegenüber von Hongkong war die erste Niederlassung der Europäer in China. Noch bevor Holländer, Spanier und Briten hier festmachten, erhielten die Portugiesen 1557 die Genehmigung, auf Macao einen Handelsstützpunkt zu gründen, um die Märkte des Fernen Ostens zu erobern. Hier aber endet auch schon jede Gewissheit: „Wenn wir akzeptieren, dass das portugiesische Reich eines der größten Rätsel der Geschichte darstellt, dann ist die Gründung Macaos das Mysterium aller Mysterien", sagt der chinesische Historiker Jin Guo Ping. Schon in den ersten Jahrhunderten muss Macao eine multikulturelle Gesellschaft gewesen sein. „Es gab Chinesen und Portugiesen, Filipinos, Malayen, Timoresen, Malabaren und Kanaresen und viele andere Männer und Frauen aus allen Ecken der Welt. Sie kamen zusammen und bauten eine Welt des Handels auf, den einzigen Grund für die Existenz Macaos", schreibt der Autor Alfredo Dias.

Von hier aus verbreitete sich der westliche Einfluss in China. Die Insel war Durchgangsstation, Heimat in der Fremde, Platz zum Luftholen für Abenteurer und Kaufleute, Seemänner und Missionare auf ihren Reisen. Die meisten ihrer Namen sind längst vergessen. Doch zwischen den Zeilen der Grabinschriften auf dem alten protestantischen Friedhof, oben auf dem Berg zwischen dem Camões-Garten und der Kirche Santo António, gewinnen die Schicksale an Kontur: Hier ruht R.V. Warren, der 1816, mit 22 Jahren „an Bord des Schoners Kappa von Chinesen ermordet wurde". Ein paar Gräber weiter liegt Kapitän Ipland aus Apenrade, 39 Jahre alt – zwei Grabsteine erinnern an ihn: „Die Witwe sandte diesen Stein aus Deutschland aus Furcht, der erste würde bald verfallen", steht auf dem jüngeren. „Nun künden beide Christian Iplands Tod im fernen Land."

Aus der Entfernung verschwimmen die Schicksale der Menschen. Aus der Höhe verlieren sich die Umrisse Macaos: Straßen und Kirchen, die zartgelben Bürgerhäuser, baumbestandene Plätze, Schiffe, Autos und Menschen – von der Glaskanzel des neuen Macao Towers in 223 Meter Höhe verschmelzen sie zu einem einzigen Gewimmel. Hier oben ist das Reich von Nick Boura, 40 Jahre alt und Teilhaber der asiatischen Tochtergesellschaft des weltgrößten Anbieters für Bungee-Sprünge.

Die Chinesen will er auf den Turm locken, „die lieben es doch, etwas zu tun, das gefährlich aussieht", sagt er. Der Macao-Tower ist das Revier der Abenteurer, und Nick Boura ihr Vorturner. Nicht auf die Tourgruppen, die mit ihren roten Schirmmützen hinter einem Führer mit Fähnchen durch die Stadt marschieren, hat er es abgesehen. „Wir setzen auf die jungen Individualreisenden, die neugierig sind, etwas erleben wollen". Die Chancen stehen nicht schlecht: Mehr als 40 000 Chinesen strömen täglich nach Macao – 60 Prozent mehr als im Vorjahr.

Unbeabsichtigt wurde der Turm zum Mahnmal für den Wandel Macaos. Stanley Ho Hung-sun, dessen „Sociedade de Turismo e Diversões de Macau" bis zum Jahr 2004 über vier Jahrzehnte die Lizenz hatte, Glücksspiel quasi als Monopol zu betreiben; Ho, der Hongkongs Verwaltungschef berät und seit 1971 fast 30 internationale Orden verliehen bekam, dem Fährschiffe und Hubschrauber, Hotels und alle zwölf Casinos Macaos gehören und der damit Milliarden macht, sich aber auch als Wohltäter für Macao und seine Einwohner oft hervorgetan hat; Ho, der Pate der Insel, hatte sich wohl zum ersten Mal verrechnet. Der Turm sollte ein weiteres Casino beherbergen, womit Tochter Pansy jedoch nicht einverstanden war: Sie wollte die Nadel, die aus Macaos neu gewonnenem Land ragt, weder zum Fernseh- noch zum Zocker-Turm machen. Statt dessen wurden der „Skywalk" (ein Rundgang außen um den Turm in schwindelnder Höhe), der „Mastclimb" (der Weg hoch bis zur Spitze der Nadel), und der „Skyjump" eingeführt, bei dem Wagemutige am Gummiseil in die Tiefe springen.

So schön der silberne Macao Tower in der Sonne strahlt, so sicher ist es, dass das große Geld auf Macao weiterhin nicht mit Bungee-Sprüngen, sondern mit dem Zocken verdient

Milchkaffee und Gebäck im „Cafe e Nata" helfen Europäern gelegentlich über Heimweh-Attacken hinweg

wird. Im Casino Lisboa, mit seinem schmuddeligen Teppichboden und den Klimaanlagen, die den Zigarettenrauch von tausenden nervösen Chinesen nicht bewältigen. Oder im blitzblanken Pharaoh's Palace, das heruntergekühlt ist wie die Nordseeküste Anfang Oktober und von dessen Wand eine Pappmaché-Nofretete aus blinden Augen auf die Spieltische stiert.

Das Imperium des Stanley Ho weicht auf, doch das Glücksspiel boomt. 2001 löste Macao das Spiel-Monopol auf, am 22. Januar 2002 vergab die Regierung erstmals drei Lizenzen für den Casinobetrieb: Eine ging an den alten Monopolisten Ho, die zweite an den Zusammenschluss der Las-Vegas-Veteranen Galaxy und Sheldon Adelson, die dritte an ein Konsortium mit dem Amerikaner Steve Wynn.

Noch ist Macao die Nummer drei der internationalen Spielerparadiese, hinter dem amerikanischen Atlantic City und Las Vegas. 3,5 Milliarden Dollar haben die Casinos der Insel 2003 eingenommen, 27 Prozent mehr als im Jahr zuvor. Bald könnte Macao Las Vegas und Atlantic City überflügeln, denn die neuen Investoren stecken viel Geld in die Insel. Sehr viel Geld. In ihrer ganzen Geschichte hatten die drei heute zu Macao verbundenen Inseln nicht mehr als 3,5 Milliarden Dollar an Auslandsinvestitionen bekommen. Nun erhalten sie innerhalb weniger Monate die gleiche Summe: Sheldon Adelson von der amerikanischen Venetian Group will ein 1500 Betten-Resort auf Taipa bauen. Andere Investoren sollen folgen und dort eine Hotelstadt mit 90 000 Betten heranwachsen lassen. Bis Mitte 2004 hatte Macao gerade einmal 9500 Hotelbetten insgesamt.

auf der Hauptinsel werden bis Ende 2004 neben dem Fährhafen das Las Vegas Sands (240 Millionen Dollar) von Adelson, das Galaxy (60 Millionen Dollar) und Hos Shopping- und Erlebnismeile Fisherman's Wharf (1,2 Milliarden Dollar) aus dem Boden gestampft. Macao könnte zur Goldader werden: Der Gewinn pro Tag und Spieltisch liegt bei durchschnittlich 20 000 US-Dollar, zehnmal so hoch wie in Las Vegas. Die geplante Y-förmige Brücke zwischen der chinesischen Sonderwirtschaftszone Zhuhai mit Macao im Westen und Hongkong im Osten wird helfen, noch mehr Touristen und Spieler auf die Inselgruppe zu bringen.

Mit seinen Casinos hat Macao längst zu leben gelernt. Sein Wohlstand gründet sich darauf. „Sie sind weder ein Problem, noch sind sie eine besondere Chance: „Die Menschen hier brauchen etwas, das sie ernährt", sagt Domingos Lam Ka-tseung, der frühere Bischof Macaos. Reverend Lancelot M. Rodrigues, allen hier nur als Vater Lancelot bekannt, ist noch pragmatischer: „Spielen ist keine Sünde. Die Sünde beginnt doch erst danach – bei Prostitution oder Geldschneiderei", sagt der 80-jährige, der die katholischen Sozialdienste leitet. Das jesuitische Erbe der Ende des 16. Jahrhunderts gegründeten, ältesten Diözese Chinas ist noch immer überall spürbar. Fast die Hälfte der Schüler besucht eine der 33 katholischen Schulen Macaos. Die Kirche gibt sich tolerant. Schließlich bauen die Investoren ja nicht nur Casinos, sondern auch Einkaufsmeilen und Freizeitparks. Was bitte, sollte daran schlimm sein?

„Schlimm daran ist, dass Macaos Erbe darüber in Vergessenheit gerät", sagt Jorge Cavalheiro. Der Historiker, der an der Hochschule der Insel lehrt, sorgt sich um die Zukunft seiner Heimat. Er selber hat seine Schularbeiten noch im Tempel der Göttin Kun Iam gemacht. Er kennt die alten Gassen und Hinterhöfe, die von der Rua Santo António abzweigen: „Hier verlief die Grenze zwischen Europa und China: oben am Berg lebten die Portugiesen mit ihren Kirchen, unten die chinesischen Händler und Handwerker." Leicht verbittert sagt er: „Die Portugiesen haben ihr kulturelles Erbe geschützt, die Chinesen schützen nun gar nichts mehr." Ins selbe Horn stößt Francisco Vizeu Pinheiro, Stadtplaner in der Verwaltung: „Uns fehlen Experten: Die Verwaltung orientiert sich nur noch an China oder Hongkong – dem chinesischen oder dem angelsächsischen Hintergrund. Der iberische Ursprung Macaos geht verloren."

Die Taxifahrer sprechen Kantonesisch, das Portugiesische wird nur noch von einer kleinen Elite gepflegt. Die Muttersprache Macaos, das Gebräu aus portugiesischen Sprachfetzen mit malayischen und indischen Dialekten sowie Lehnsworten aus dem Englischen, Japanischen und Spanischen, beherrschen nur noch ein paar Dutzend der vielleicht 8000 hier noch lebenden Macanesen.

Dabei, sagt Pinheiro, habe die Insel doch eine ausgezeichnete Ausgangsposition, ihre Vergangenheit zu bewahren. „Dank des Jahr für Jahr aus dem Meer gewonnenen Landes können neue Gebäude dort errichtet, alte bewahrt werden." Und doch kennt jeder hier die Geschichten von der Häuserzeile, die nach und nach abbrannte, um für Immobilienspekulationen Platz zu schaffen. Wurden die Brandstifter gefasst? „Natürlich nicht", sagt Pinheiro.

immerhin will die UNESCO jetzt ihre schützende Hand über Macao legen. Gleich vier oder fünf Baudenkmäler sollen in naher Zukunft in die Liste des Weltkulturerbes aufgenommen werden, heißt es. São Lazaro, der alte Vorzeigestadtteil, wird sogar zum Galerien- und Künstlerviertel aufgeputzt, die renovierten Fassaden erinnern bereits jetzt eher an Florenz oder Venedigs Bürgerhäuser als an eine Altstadt in China. Sanft winden sich die schmalen Straßen in der Abendsonne herauf zum Festungsberg, die Schritte hallen auf dem alten Pflaster. „Sicher, es sieht bezaubernd aus. Und doch wachsen aus den Dächern Bäume und Gestrüpp, weil die Häuser zu lange leer stehen", sagt Pinheiro.

Dennoch bangt kaum jemand wirklich um Macaos Zukunft. Erst recht nicht Vater Lancelot. Der alte Haudegen im Talar hat manchen kommen und gehen sehen auf Macao. „Passiert ist uns hier nie etwas. Und das ist kein Wunder. Schließlich hat Macao drei Schutzpatrone." Die, so ist nicht nur Vater Lancelot sicher, haben dafür gesorgt, dass die Japaner im Zweiten Weltkrieg hier nicht einfielen, Taifune meist vorüberzogen,und die Übergabe an die Chinesen 1999 reibungslos verlief.

Jedes Jahr im Mai prozessieren auch die Buddhisten mit, wenn die Katholiken ihre heilige Madonna, Maria von Fatimah, hinauf zur Kirche Ermida da Penha geleiten. Die Katholiken kommen, wenn die Daoisten A-Ma, die große Mutter und Schutzheilige der Fischer, im Juni verehren. Und alle zusammen glauben sie an Kun Iam, die buddhistische Patronin der Inseln. In ihrem Tempel unterzeichneten Amerikaner und Chinesen 1844 ihren ersten Freundschafts- und Handelsvertrag. Ihre Statue steht im Wasser, zwischen Casino Lisboa und Fähranleger, den beiden Symbolen für Macaos Wohlstand.

Kun Iam wird dafür sorgen, dass Macao weiterhin alles richtig macht. Dass es offen bleibt für Neuankömmlinge. Seine Herkunft nicht leugnet. Und sich nicht wehrt gegen die Umarmung des großen Nachbarn. □

toleranz

prägt Macao: Casinos und Kirche respektieren einander

Christoph Hein *ist Asien-Wirtschaftskorrespondent der* Frankfurter Allgemeinen Zeitung *in Singapur. Seine Reportagen erschienen unter dem Titel „Wasserträger und Magnaten – Asiatische Aufschwünge" im Picus Verlag.*

ein tag in Macao

ist eigentlich zu kurz, um Hongkongs kleiner Schwester gerecht zu werden. Fantastische Museen, eine frisch restaurierte Altstadt und glitzernde Casinos ziehen Besucher in ihren Bann. Viele bleiben länger – oder kommen wieder

8 Uhr Nehmen Sie ein Schnellboot vom Fährterminal im Shun Tak Centre in Hongkong (MTR-Station: Sheung Wan). Die Boote fahren jede Viertelstunde, aber zehn Minuten vor Abfahrt gibt es keine Fahrscheine für das jeweilige Schiff mehr. Wenn Sie zu früh sind, schauen Sie im gut sortierten Büro der Tourismus-Behörde von Macao vorbei – links vom Ticketschalter – und holen sich Reiselektüre. Sie brauchen kein Geld zu wechseln – mit einem minimal schlechteren Kurs wird der Hongkong-Dollar in Macao von jedermann akzeptiert. Die Ausreisesteuer kostet 19 HK-Dollar, jeder Koffer 20 HK-Dollar extra. Nach der Passkontrolle geht's aufs Schiff, ein Visum für Macao ist nicht nötig.

9 Uhr Wenn Sie Macao erreicht haben, gehen Sie hinter der Passkontrolle nach rechts in das Fremdenverkehrsbüro (turismo). Dort lassen Sie sich die Ziele, die Sie ansteuern wollen, auf einem Stadtplan markieren und auf Chinesisch aufschreiben – Macaos Taxifahrer sprechen oft kein Englisch.
Vor dem Terminal nehmen Sie ein Taxi und fahren zum **Largo do Senado** – dem prächtigen Mittelpunkt der Stadt im portugiesischen Kolonialstil. Spazieren Sie von hier in die Rua de São Domingos, dann links den Berg hinauf in die Rua da Palha, die als Rua de São Paulo zur berühmten Fassade der 1602 erbauten **Kathedrale São Paulo** führt. Die Geschäfte sind zwar noch geschlossen, dafür ist die Stadt ruhiger und Sie haben die Chance, die großartige Architektur zu würdigen.

10 Uhr Nach der Visite von São Paulo gehen Sie ins rechts davon gelegene **Museu de Macau,** Monte Fort. Für umgerechnet 1,50 Euro erhalten Sie Eintritt in eine animierende Museumswelt, die auch Kinder in ihren Bann zieht. Sie stechen mit den Fischern in See, schauen zu, wie Feuerwerkskörper hergestellt werden und lauschen den Rufen der Händler – vom Besenbinder über den Alteisensammler bis zum Verkäufer von Kräutertee.

11 Uhr Hinein ins Leben. Biegen Sie, die Kirchenfassade im Rücken, nach rechts ab in die **Rua de Santo António.** Die Antiquitätengeschäfte hier bieten – wie fast überall in Asien – zu 90 Prozent Kopien, Fälschungen und Nachbauten an. Trotzdem macht das Stöbern Spaß. Die Preise sehen nur diejenigen als günstig an, die sonst auf Hongkongs Hollywood Road shoppen gehen – sie liegen auf dem Niveau Singapurs oder Shanghais. Kaufen Sie nur, was Ihnen den Preis per se wert erscheint, nicht als Anlageobjekt.
Die Stufen, die auf der linken Seite den Berg herabführen, bringen Sie ins **chinesische Viertel.** In der **Rua dos Ervanários** schauen Sie den Nudelherstellern, Kräuterärzten, dem Händler für Räucherstäbchen und den

Museumsstücke auf dem Wasser: historische Dschunken aus der Sammlung des Museu Marítimo

Möbelrestauratoren über die Schulter. Wenn Sie dem Verlauf der Gassen folgen, landen Sie wieder auf dem Largo do Senado.

12 Uhr Zeit für eine Stärkung. Im kleinen Restaurant **O Barril,** Travessa de São Domingos 14 A-A, treffen sich die portugiesischen Geschäftsleute der umliegenden Büros und Läden bei frisch panierten Tintenfischfilets mit Octopus-Reis (53 Pataca) oder portugiesischer Wurst (25 Pataca).

13 Uhr Nehmen Sie sich ein Taxi zum **Macao Tower.** Gönnen Sie sich den Blick von oben oder kitzeln Sie Ihre Nerven beim Balancieren auf dem Skywalk, der in 223 Meter Höhe auf einem schmalen Außengang um die Aussichtskanzel führt – Sie gehen nur durch ein Seil gesichert, ohne jedes Gitter. Vorsicht: Das Ganze ist anspruchsvoller, als es von innen aussieht.

14 Uhr Fahren Sie zum **Tempel der Göttin A-Ma,** der Patronin der Fischer, von der sich der Legende nach der Name Macaos ableitet. Gegenüber auf dem Largo do Pagode da Barra liegt das schöne **Museu Marítimo,** das die Lebenswirklichkeit des alten Handelspostens dokumentiert. Autorenn-Fans sollten dagegen die Zeit nutzen, um sich zum **Grand-Prix-Museum,** 431 Rua de Luís Gonzaga Gomes, fahren zu lassen. Besucher können hier am Simulator auch selbst ihre Rennfahrerqualitäten unter Beweis stellen.

15.30 Uhr Auf ins Grüne. Mit dem Taxi geht es auf die südlichste Insel **Coloane.** Der Bummel durch die winzige Altstadt führt auch in die **Kapelle St. Francisco Xavier,** die im Nebenraum eine chinesische Madonna mit chinesischem Jesuskind zeigt. Unbedingt probieren sollten Sie die *natas,* Eiertörtchen, die **Lord Stowe's Bakery** auf Coloanes Hauptplatz verkauft. Der Inhaber, ein britischer Apotheker, ist mit seiner Bäckerei nach 13 Jahren auf der Insel zwar noch kein Macanese, aufgrund der hervorragenden Qualität sind seine Kuchen aber bis weit nach China hinein bekannt. Im Laden wird man Ihnen auch ein Taxi rufen. Machen Sie auf dem Rückweg nach Macao auf der mittleren Insel **Taipa** Station und spazieren Sie vom herrschaftlichen **Taipa House-Museum** an der Avenida da Praia hinauf zur **Kirche Nossa Senhora do Camo.** Von dort führen Treppen zur Straße herunter. Biegen Sie nach links und nach einigen hundert Metern wieder nach rechts ab und schlendern Sie die malerische **Rua do Cunha** hoch, von wo Sie ein Taxi nehmen können, das Sie zurück nach Macao fährt.

18 Uhr Lassen Sie sich zur Kirche von **São Lazaro** bringen und machen Sie einen Abendbummel durch das schön restaurierte Viertel mit seinen gelb gestrichenen Bürgerhäusern.

19.30 Uhr Nun haben Sie die Wahl: Wollen Sie kolonialen Charme und hervorragende portugiesische Küche genießen, besuchen Sie das gediegene Restaurant des **Clube Militar,** Avenida da Praia Grande 975. Zu empfehlen sind Pilzsuppe *(sopa de cogumelos)* und Stockfisch mit Kartoffelbrei *(lagarada de bacalhao).* Möchten Sie lieber die originale macanesische Küche kosten, gehen Sie zu **Carlos** in der Rua Cidade de Braga (außer montags). Hier sind die Tischdecken kariert, der Chef selbst empfiehlt das Essen und die Atmosphäre ist laut und munter.

21 Uhr Versuchen Sie Ihr Glück und wagen Sie sich in eines der zwölf Casinos. Das **Lisboa** direkt neben dem Clube Militar ist eine Institution, wenn an seinem Charme auch der Zahn der Zeit bereits genagt hat. Das **Pharaoh's Palace** ein paar Blocks weiter im zweiten Stock des Landmark Hotels, versetzt Sie nach Ägypten. Hier müssen Sie Ihren Reisepass vorzeigen, um eine (kostenlose) Eintrittskarte zu bekommen. Fähren nach Hongkong fahren bis 1.30 Uhr alle 15 Minuten, danach erst wieder um 2.30, 3, 4 und 6 Uhr. Die Rückfahrt kostet einen Pataca mehr, als Sie für die Hinfahrt in Hongkong-Dollar bezahlt haben, aber vielleicht verlassen Sie Macao ja mit mehr Geld als Sie bei der Ankunft hatten. **Christoph Hein**

Die drei verbundenen Inseln Macao, Taipa und Coloane bilden zusammen die chinesische Sonderverwaltungszone Macao

MERIAN
Die Lust am Reisen

PREMIUM SHOP

Angebote für Leser

In unserem Premium Shop bieten wir allen Lesern exklusive Highlights: Seltene MERIAN-Ausgaben aus unserem Archiv und einzigartige MERIAN-Sammlerstücke. Zusätzlich erhalten Sie ab einem Bestellwert von 25,00 Euro das „Best of MERIAN“ gratis dazu! Für Ihre Bestellungen verwenden Sie den Coupon auf Seite 99.

MERIAN **FAMILY**

WEGWEISEND

MERIAN pcscout

Planen Sie Ihre Reise am PC. Mit über 50.000 Empfehlungen von MERIAN finden Sie in Deutschland, Österreich, der Schweiz, Norditalien und dem Elsass immer das richtige Reiseziel. Inklusive aktuelle Stadtpläne, Routenplaner, 750 Golfplätze und ADAC Verkehrsinfos. Preis: 25,95 Euro. **Kennwort: PCSCOUT**

UNENTBEHRLICH

MERIAN *kompass*

Der praktische Reise-Begleiter für unterwegs und am Ziel. Die drei neuesten Titel dieser praktischen Reihe können Sie hier bestellen. Sie kosten jeweils 6,50 Euro und haben zwischen 96 und 128 Seiten mit ca. 60 Farbfotos. Format: 9,5 x16 cm, Softcover mit Schutzeinband. **Kennwort: MERIAN kompass „Endlich Ferien“, „Olympische Spiele“, „Das neue Europa“**

JUBILÄUMSHEFT

Best of MERIAN

Ein Sammlerstück, das man nicht kaufen kann! Erleben Sie faszinierende Rückblicke in die Geschichte von MERIAN! Opulente Bildstrecken, faszinierende Reisereportagen, kluge und witzige Essays, einfühlsame Stadtporträts und engagierte Sozialfotografie. Blicken Sie hinter die Kulissen: Lesen Sie, wie das MERIAN-Magazin entsteht, oder wie sich MERIAN anhand von 654 Titeln im Wandel der Zeit zu Deutschlands großem Reisemagazin entwickelte. Zusätzlich beigelegt ist jedem „Best of MERIAN“ eine detallierte Deutschlandkarte im Posterformat von 52 x 73,5 cm. Ab einem Bestellwert von 25,00 Euro erhalten Sie das „Heft der Hefte“ kostenlos dazu. Für Ihre Bestellung verwenden Sie bitte die Postkarte auf Seite 99.

Interessante Einblicke für jeden MERIAN-Liebhaber: die Titelparade der letzten 50 Jahre. Dazu ein Blick hinter die Kulissen: wie MERIAN entsteht und wie sich MERIAN verändert hat.

MERIAN-ABONNEMENT

Lust auf ein **Abonnement**

Wenn Sie MERIAN abonnieren möchten, erhalten Sie 12 Ausgaben im Jahr für 76,40 Euro (Auslandspreise auf Anfrage) statt 90,00 Euro bei Einzelkauf. Nutzen Sie den Preisvorteil von 15 % und sichern Sie sich Ihr Dankeschön: einen der vier MERIAN *live* Reiseführer. Mit Quickfinder in den Klappen, den Attraktionen jeder Reise auf einen Blick und gewohnt exzellenter MERIAN-Kartografie. Für Ihre Bestellung eines MERIAN-Abonnements verwenden Sie bitte die Postkarte auf Seite 99.

Unser Dankeschön für Ihr Interesse:
Wahlweise die besten Reiseziele Deutschlands, Italiens, Spaniens oder Skandinaviens. Kompakte Reise-Tipps auf über 550 Seiten.

MERIAN-**RARITÄTEN**

Weitere MERIAN-**RARITÄTEN** erhalten Sie auf Anfrage unter Telefon **0 40/87 97 35 40**

Lust auf **MERIAN**-Geschichte

Für Sammler und Geschichtsliebhaber haben wir unser Archiv geöffnet und offerieren Ihnen hier seltene Kulturschätze aus über 50 Jahren MERIAN. Die Archivexemplare bieten wir nur noch in sehr begrenzter Stückzahl und so lange der Vorrat reicht.

MERIAN FREIBURG
1950 **170,00 EUR**

MERIAN FLORENZ
1956 **120,00 EUR**

MERIAN LISSABON
1959 **80,00 EUR**

MERIAN ISTANBUL
1962 **67,00 EUR**

MERIAN HOLLAND
1963 **66,00 EUR**

MERIAN KANARISCHE INSELN
1964 **61,00 EUR**

MERIAN KORFU
1965 **60,00 EUR**

MERIAN ENGLANDS SÜDEN
1975 **54,00 EUR**

HISTORISCHE SAMMELSCHUBER **MERIAN**-Archiv!

Archivieren Sie Ihre MERIAN-Sammlung stilvoll und sicher in den exklusiven MERIAN-Sammelschubern aus Leder oder Leinen! Jeder Schuber bietet Platz für ca. 12 MERIAN-Ausgaben. Preise: Ausführung Leinen 10,00 Euro, Leder 22,00 Euro. **Kennwort: Schuber Leinen / Schuber Leder**

MERIAN

Die Lust am Reisen

PREMIUM SHOP

Viele der Ausgaben von MERIAN sind in begrenzter Stückzahl noch verfügbar! Die jüngst erschienenen MERIAN-Titel (siehe Programm-Auflistung, rechts) kosten 7,50 Euro inkl. Porto und Versand (innerhalb Deutschlands). Bestellen Sie mit der gegenüberliegenden Postkarte oder im Internet unter www.merian.de. Außerdem erhalten Sie das lieferbare Programm von MERIAN in jeder gut sortierten Buchhandlung und solange der Vorrat reicht.

MERIAN *extra*

Die Reihe MERIAN *extra* widmet sich regelmäßig attraktiven Kultur-, Reise- und Freizeitthemen, die über das konzeptionelle Themenangebot des monographischen Hauptheftes hinausgehen. Dabei werden neue Facetten des jeweiligen Themas abwechslungsreich und unterhaltsam behandelt. Gewohnte MERIAN-Qualität bietet der Serviceteil mit ausführlichen Informationen, zahlreichen Empfehlungen, exklusiven Tipps und detaillierten Karten.

5,00 Euro

5,00 Euro

7,50 Euro

5,00 Euro

lieferbar ab Dezember 2004

5,00 Euro

PROGRAMM

AUSWÄHLEN UND BESTELLEN

Lieferbare MERIAN-Titel

- Ägypten
- Amsterdam
- Andalusien
- Athen
- Autostadt in Wolfsburg
- Baden-Württemberg
- Baltikum
- Barcelona
- Best of Italy
- Berlin
- Brasilien
- Budapest
- Burma-Myanmar
- Chicago
- Chinas Norden
- Cote d'Azur
- Danzig & Masuren
- Das neue Ruhrgebiet
- Dominikanische Republik
- Elsass
- Ferien in Deutschland
- Florida
- Frankfurt
- Franz. Atlantikküste
- Gardasee
- Große Ferien
- Hamburg
- Harz
- Hongkong
- Indiens Norden
- Indiens Süden
- Irland
- Istanbul
- Italien
- Japan
- Jerusalem
- Kalifornien
- Kanadas Osten
- Kanarische Inseln
- Köln
- Krakau
- Kreta
- Kroatien
- Kuba
- Leipzig
- Ligurien
- Lissabon
- Loire
- London
- Madrid
- Mallorca
- Marokko
- Mauritius
- Mecklenburg-Vorpommern
- Mexiko
- Moskau
- MS Europa
- München
- Neapel / Amalfi-Küste
- Neuseeland
- New York
- Oberbayern
- Paris
- Piemont–Turin
- Portugal
- Prag
- Provence
- Rom
- Sardinien
- Schottland
- Schweden
- Schweiz
- Shanghai
- Sizilien
- Spaniens Norden
- Steiermark
- Südafrika
- Südengland
- Südtirol
- Sylt
- Thailand
- Tirol
- Toskana
- Umbrien
- USA: Die Südstaaten
- Wasserreich Niedersachsen
- Weimar
- Wien

SAMMELSCHUBER

MERIAN-Archiv!

Archivieren Sie Ihre MERIAN-Ausgaben in dem modernen MERIAN-Sammelschuber aus Acryl! Jeder Schuber bietet Platz für ca. 12 MERIAN-Magazine. Preis: 16,00 Euro.

Kennwort: Schuber Acryl

Die Lust am Reisen

MERIAN PREMIUM SHOP

WETTERFEST

WINDBREAKER

Der klassisch blaue Windbreaker trotzt Wind und Wetter, ist aber angenehm leicht und durch den großzügigen Schnitt sehr bequem zu tragen.
Universalgröße: Large
Preis: 39,90 Euro

Kennwort: Windbreaker

Bitte freimachen falls Marke zur Hand. Oder bestellen Sie per Fax: **040/27172079**

ANTWORT

MERIAN
Premium Shop
Postfach 60 12 20

D-22212 Hamburg

Die Lust am Reisen

MERIAN GUTSCHEIN

Die Lust am Reisen

MERIAN ABONNEMENT

Wenn Sie MERIAN abonnieren möchten, sichern Sie sich Ihr Dankeschön: einen der vier MERIAN *live* Reiseführer. Mit Quickfinder in den Klappen, den Attraktionen jeder Reise auf einen Blick und gewohnt exzellenter MERIAN-Kartografie.

Wunschtitel bitte ankeuzen:

- ☐ **Deutschland**
- ☐ **Italien**
- ☐ **Spanien**
- ☐ **Skandinavien**

Bitte freimachen falls Marke zur Hand. Oder senden Sie per Fax an: **040/27172079**

ANTWORT

MERIAN
Leserservice
Postfach 60 12 20

D-22212 Hamburg

Bitte tragen Sie hier die Kennwörter, Anzahl und Preise ein:

Ich möchte bestellen.
Bitte liefern Sie die Produkte an folgende Adresse:

Name / Vorname des Bestellers

Straße / Haus-Nr.

PLZ / Ort

Tel.-Nr. / E-Mail

Datum / Unterschrift ME 12/04

Rechnung abwarten – bitte keine Vorauszahlung leisten.
Die Lieferung erfolgt, innerhalb Deutschlands, porto- und versandkostenfrei. Auslandslieferungen auf Anfrage.

☐ **Mit der Zusendung von Informationsmaterial bin ich einverstanden.**

☐ **Ich habe den Bestellwert von 25,– Euro erreicht und erhalte „Best of MERIAN" als Dankeschön dazu.**

Kennwort	Anzahl	Einzelpreis (Euro)	Gesamtpreis (Euro)

Summe

Die Lust am Reisen

MERIAN
GUTSCHEIN

Lust auf Reisen?

MERIAN präsentiert zwölfmal jährlich ein lebensnahes und facettenreiches Porträt einer Stadt, einer Region oder eines Landes auf höchstem Niveau. Mit dem monatlich erscheinenden Magazin MERIAN erleben Sie einzigartige Bilder und packende Reportagen.

Das ist ein Geschenk für:

Die nächsten 12 Ausgaben sind ein Geschenk von:

Die Lieferung beginnt, sobald die unten stehende Abo-Postkarte ausgefüllt an den MERIAN Leserservice, Postfach 60 12 20, 22212 Hamburg eingegangen ist.

☐ **Ich abonniere MERIAN für mich selbst.**
☐ **Ich möchte ein MERIAN-Abonnement verschenken.**

Name / Vorname des Beschenkten

Straße / Haus-Nr. / PLZ / Ort

Tel.-Nr. / E-Mail

Die Rechnung und das umseitig angekreuzte Dankeschön gehen an: (Adresse bitte unten eintragen). Der Jahres-Abo-Preis für 12 Ausgaben MERIAN beträgt 76,40 Euro frei Haus (innerhalb Deutschlands; Auslandspreise auf Anfrage).

Name / Vorname des Bestellers

Straße / Haus-Nr. / PLZ / Ort

Tel.-Nr. / E-Mail

Gewünschte Zahlungsweise bitte ankreuzen:
☐ **Gegen Rechnung** (Bitte keine Vorauszahlung leisten) ☐ **Bankeinzug** (Bequem und bargeldlos)

Bankleitzahl Kontonummer

Geldinstitut

Datum / 1. Unterschrift

Vertrauensgarantie: Die Bestellung wird erst wirksam, wenn sie nicht binnen zwei Wochen schriftlich beim MERIAN-Leserservice, Postfach 60 12 20, 22212 Hamburg, widerrufen wird. Zur Wahrung der Frist genügt die rechtzeitige Absendung des Widerrufs. Dieses Angebot gilt nur in der Bundesrepublik Deutschland und solange der Vorrat reicht. Das Dankeschön darf ich auch bei Widerruf behalten. Die Kenntnisnahme dieser Hinweise bestätige ich durch meine zweite Unterschrift:

Datum / 2. Unterschrift ME 12/04 21995 / 21996

Ein MERIAN-Abonnement bietet Vorteile:

1. 15% Preisvorteil
Sie erhalten 12 Ausgaben zum Vorzugspreis von 76,40 Euro statt 90,00 Euro.

2. Service
Sie erhalten jede MERIAN-Ausgabe pünktlich frei Haus. Porto und Verpackung zahlen wir für Sie.

3. Vertrauensgarantie
Eine Bestellung wird erst wirksam, wenn sie nicht binnen 14 Tagen schriftlich beim MERIAN-Leserservice, Postfach 60 12 20, 22212 Hamburg, widerrufen wird. Zur Wahrung der Frist genügt die rechtzeitige Absendung des Widerrufs.

4. Geld-zurück-Garantie
Sie können Ihr Abonnement jederzeit kündigen und erhalten für gezahlte und noch nicht gelieferte Hefte natürlich Ihr Geld zurück.

Bestellen Sie einfach und bequem per

MERIAN-Leserservice
Postfach 60 12 20
22212 Hamburg

040 / 87 97 35 40

040 / 27 17 20 79

www.merian.de

Online geht die Reise los.

www.merian.de
Tausende von Reisezielen, Eventkalender, Reportagen, Tipps & Empfehlungen und weitere exklusive Angebote im MERIAN Premium Shop

Der ungeliebte Gigant an der „Golden Mile" von Tsim Sha Tsui: Wohnungen, Shops, Restaurants, Kleinstfabriken und über 50 Guesthouses drängen sich dicht an dicht in den 17 Etagen der Chungking Mansions

Schuhmacher Chiang Tak Wong (75) arbeitet seit über 30 Jahren in den Mansions

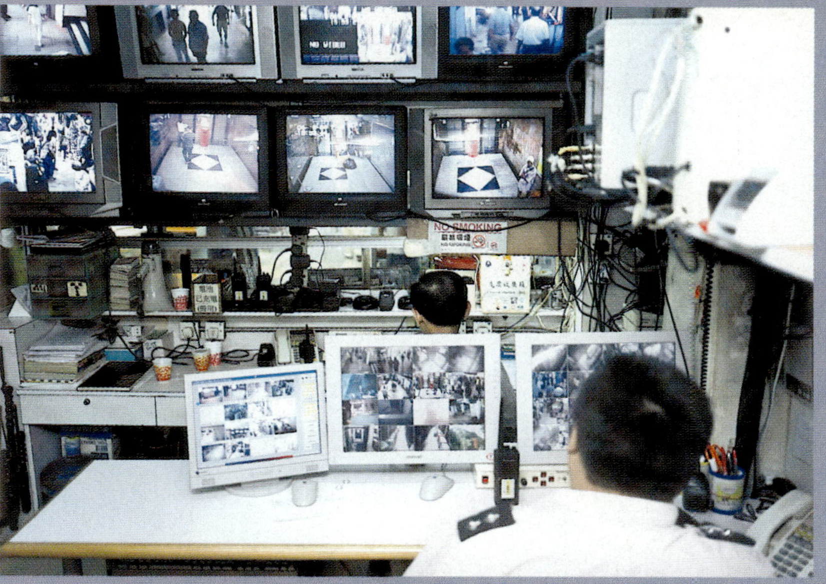

Alles unter Kontrolle hat in den fünf verwinkelten Blocks niemand. Immerhin einigten sich die Eigentümer darauf, Kameras in die chronisch überlasteten Lifte einzubauen

Abenteuer inklusive

Billiger als in Chungking Mansions kann man in Hongkong nicht wohnen. Die erste Nacht schläft hier kaum jemand gut, denn der Koloss im Herzen Kowloons ist ein Labyrinth jenseits des Glamours: Fluchtpunkt für die einen, für die anderen Endstation

Text: Harald Maass, Fotos: Grischa Rüschendorf

Drei Uhr nachts. Gedämpfte Frauenstimmen dringen durch die dünne Zimmertür. Sie klingen afrikanisch. Meine Nachbarinnen telefonieren mit der Heimat. Die Klimaanlage im Zimmer brummt. Trotzdem ist es stickig, klebt die feuchte Luft auf der Haut. Das Bett, auf dem ich liege, füllt den engen Raum aus. Irgendwo draußen zwischen den dunklen Häuserwänden ist ein Lachen zu hören. Kurz ist es still. Dann ein Stöhnen. Mir gehen die Zeitungsberichte durch den Kopf. Der Mord vor zwei Jahren im „Mandarin"-Gästehaus, ein paar Stockwerke weiter unten. Die Brandkatastrophen in den achtziger Jahre. Triadenkämpfe. Die erste Nacht, heißt es, schläft jeder in Chungking Mansions schlecht.

Die Ankunft. Eine indische Familie, die Frau in weite Gewänder gehüllt, zerrt zwei braune Koffer durch das Menschengewirr. Amerikanische Rucksacktouristen stöbern in Kisten mit raubkopierten CDs. Dampfende Garküchen, Läden mit chinesischem Plastikspielzeug, Elektronikhändler, Pornoverkäufer – der Eingang zu Chungking Mansions wirkt wie ein etwas heruntergekommener Basar. Der Geruch von Currygerichten und Männerschweiß liegt in der Luft. Links und rechts der überdachten Einkaufspassage leuchten die Kurstafeln der Geldwechsler. Zwei junge Hongkongerinnen spielen gelangweilt mit ihren Handys. Weiter hinten kommen die Geschäfte der indischen Händler, der nepalesische Kleidershop, eine düstere Internet-Bar.

„*You need room! You need room*!", ruft der Mann, der plötzlich vor mir steht. „Sie brauchen ein Zimmer!" Aus der Hosentasche zieht er eine Visitenkarte, die er mir vors Gesicht hält. „Fortuna Gästehaus" steht darauf. Während ich mir noch die Karte anschaue, hat er mit einer Hand schon meinen Koffer genommen. Lee sei sein Name, sagt er auf dem Weg zu den Aufzügen. Auf kleinen, länglichen Schildern über dem Lifteingang stehen die Namen und Stockwerke der Gästehäuser. „Carlton, 15. Stock", „Aladdin's, 9. Stock". Herr Lee zieht mich sanft in den Aufzug. „*My place very cheap*", erklärt er. Kurz darauf stehe ich in einem winzigen Zimmer mit rosa Wänden. Neben der Tür hängen zwei Kleiderbügel aus verbogenem Draht. Das Bad ist mit einer Schiebetür aus Plastik abgetrennt, der Duschkopf hängt direkt über der Toilette. „*Good Room, has own window*", hatte Lee bei der Preisabsprache gesagt. Ich lege mich auf das schmale Bett. Durch die kleinen Fenster sind grauschwarze Betonwände zu sehen.

Frau Jin und ihr Mann kauften 1997 eine Wohnung in Block A. „Ein Fehler“, sagen sie heute

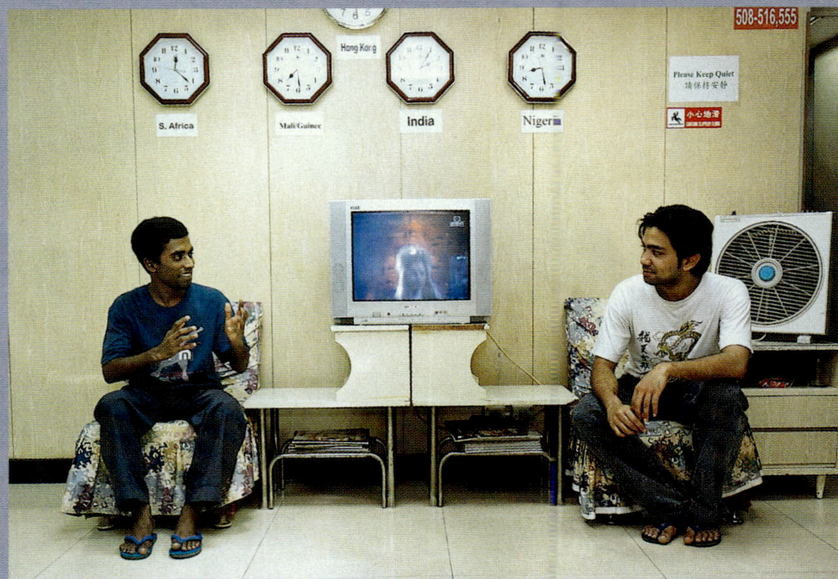

Nur wenige Gäste steigen als Urlauber im „Chungking House“ ab, das sich blumig „de Luxe Hotel“ nennt. Inder und Bangladescher kommen meist zum Arbeiten in die Stadt

„South China Morning Post“ im Mai 2004 über einen Kriminalfall in Chungking Mansions

>Gangster schüchtern Mann ein! ... Cheung bekam so sehr Angst, dass er sich auf den Tisch übergab, was einen vorbeikommenden Polizisten alarmierte...<

Die grüne Fassadenbemalung des Häuserblocks ist ausgebleicht. Alte Schilder werben für Geschäfte und Produkte, die es seit Jahrzehnten nicht mehr gibt. Von außen ist Chungking Mansions ein unscheinbarer Bau. Wie ein abgewrackter Dampfer liegt das 17 Stockwerke hohe Gebäude an der belebten Nathan Road, der „Golden Mile“ in Kowloon. Eingerahmt von grell beleuchteten Elektro-Shops, Edelboutiquen und Modeläden, aus denen laute Popmusik dröhnt. Auf der anderen Straßenseite liegen die Hotels „Hyatt“und „Peninsula“.

Chungking Mansions ist stets dunkel, als ob es sich verstecken wollte. In den engen Gängen und Wohnungen leben die Armen und Glücksuchenden der Stadt. Indische Köche, philippinische Prostituierte, Rucksacktouristen aus Japan und Europa. Für viele, die in den vergangenen Jahrzehnten nach Hongkong kamen, war Chungking Mansions die erste Anlaufstation und der Beginn einer Karriere. Für manche ist es die Endstation.

Ein lautes Summen ertönt, als ich in den Fahrstuhl steige. „Zurück, Mann!“, sagt der junge Afrikaner und drückt mich sanft an die Aufzugwand. Der Warnton verstummt. Auch die anderen drei Leute im Lift pressen ihre Körper an die Stahlwand der winzigen Kabine. Aus Sicherheitsgründen wurden vor einigen Jahren Sensoren in die alten Aufzüge eingebaut, die bei Überladung Alarm schlagen. Der Sensor funktioniert jedoch nur in der Mitte des Fahrstuhls. Ein zweiter Afrikaner im blau glänzenden Jogginganzug, eine Goldkette um den Hals, steigt zu. Auf Zehenspitzen balanciert er seinen großen Körper an den äußersten Rand des Aufzugs. Wir halten den Atem an. Die Tür schließt ohne Alarm.

5000 Menschen sollen in Chungking Mansions leben. Die genaue Zahl kennt niemand. Das in fünf Blöcke unterteilte Gebäude ist ein Gewirr aus Gästehäusern, Massagesalons, indischen Kantinen und Hinterhoffabriken. Manche der Bewohner bleiben nur ein paar Tage, andere übernachten hier über Jahre in einem Stockbett. „Unser längster Gast war vier Jahre hier, ein Brite“, sagt William. Der junge Hongkonger trägt ein blaues Superman-T-Shirt, hat kurz geschnittene Haare, und arbeitet seit fünf Jahren im „Traveller Hostel“. Das Gästehaus umfasst den ganzen 16. Stock. Die Wände und Böden sind aus leicht abwaschbaren Steinplatten. 60 Hongkong-Dollar kostet ein Schlafplatz im Mehrbettzimmer, umgerechnet gut sechs Euro. Die meisten Gäste sind junge Europäer und Amerikaner. Ein Mann schlurft in Shorts und Badelatschen in Richtung Gemeinschaftsküche. Sein Bauch leuchtet weiß im Neonlicht.

Das „Traveller Hostel“ war vor 30 Jahren eins der ersten Gästehäuser in Chungking Mansions. Die zentrale Lage und der niedrige Preis machten es bei Reisenden so populär, dass bald darauf weitere Pensionen eröffneten. Immer mehr Wohnungen wurden in kleine Billighotels oder Schlafsäle umgewandelt. Bordelle und illegale Spielhallen machten auf. Mehrmals brach in den engen Wohnungen und Treppenhäusern Feuer aus, bei denen auch Touristen ums Leben kamen. Heute sind die 970 Zimmer der Gästehäuser in Chungking Mansions vor allem ein Quartier für Reisende aus der Dritten Welt. Die meisten Bewohner sind Inder, die in den engen Gängen, Läden und Hinterhofwohnungen Restaurants, Spezialitäten-Shops, Wäschereien und Handelsgeschäfte betreiben. Tagsüber sieht man arabische

„Want a Rolex?", „Want DVD?" – Die Shoppingmeilen der Mansions wirken wie Basare im Untergrund. Spezialität vieler Händler: Raubkopien und gefälschte Markenware

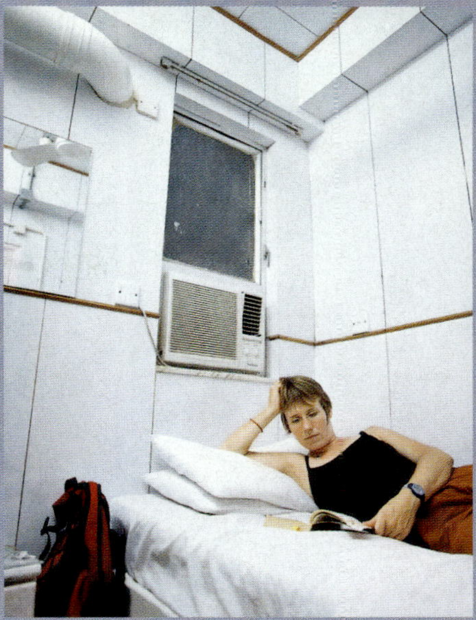
Klein, aber allein: Einzelzimmer sind Luxus im „Garden Guesthouse". Preis: 12 Euro pro Nacht

Geschäftsmänner in weißer Landestracht und mit Aktentasche aus den Aufzügen steigen. Hochgewachsene Afrikaner, die in Hongkong als Kleinhändler Geschäfte machen, tragen Ballen mit Kleidung durch die schmalen Gänge.

Auf dem Parkettboden stapeln sich Zeitungen. Der Geruch von Leder und Klebstoff liegt in der Luft. Ein Radio spielt alte Schlager. Als junger Mann war Chiang Tak Wong 1950 vor den Kommunisten aus Shanghai nach Hongkong geflüchtet. 72 Stunden dauerte damals die Zugfahrt in die britische Kolonie. Chiang ließ sich als Schuhmacher nieder. 1969 kaufte er sich eine Wohnung im achten Stock der Chungking Mansions und machte sie später zu seiner Werkstatt. „Damals war das Gebäude recht angesehen und modern", sagt Chiang. Der 75-Jährige trägt Hemd und dunkle Weste, er spricht ein weiches Hochchinesisch. Die Beine seiner Hose hat er hochgekrempelt. Nach vorne gebeugt hämmert er auf einer Sohle.

Chiang ist heute ein reicher Mann. Seine handgemachten Schuhe werden in den besten Läden der Stadt verkauft. Einer ist direkt gegenüber im „Peninsula", Hongkongs edelstem Hotel. Seine Werkstatt hat Chiang jedoch bis heute in Chungking Mansions. Der große helle Raum mit den Pflanzen vor den Fenstern wirkt wie aus einer anderen Zeit. An der Decke rattert ein Ventilator. Auf langen Regalen lagern die hölzernen Leisten.

Die ersten Eigentümer von Wohnraum in Chungking Mansions waren Flüchtlinge aus Shanghai, erzählt Chiang. Hat er nie überlegt, die Werkstatt zu verkaufen oder ein Gästehaus daraus zu machen? Herr Chiang lächelt. „Ich habe damals 80 Hongkong-Dollar bezahlt", sagt er. So viel kostete Ende der sechziger Jahre ein Quadratfuß, rund ein zehntel Quadratmeter. Heute liegt der Preis bei 1700 Hongkong-Dollar. „Nirgendwo auf der Welt lassen sich so gut Geschäfte machen wie in dieser Stadt", sagt Chiang.

1994 drehte der Regisseur Wong Kar-Wei den Film „Chungking Express", eine nachdenkliche Hommage an das Leben in den Hinterhofgassen von Chungking Mansions. Der Film, für den Wong indische Laiendarsteller aus den Gästehäusern anheuerte, machte Chungking Mansions im Westen bekannt. Wongs Geschichten aus den schmuddeligen Pensionen erzählen von einem anderen, einem armen, lebendigen Hongkong.

Doch auch der kurzzeitige Ruhm durch den Film konnte die Stadt nicht mit Chungking Mansions versöhnen. Ein architektonischer Schandfleck sei das Gebäude, sagen Hongkongs Stadtplaner und fordern den Abriss. Die veraltete Struktur und die schmalen Treppenhäuser seien gefährlich, warnen Polizei und Feuerwehr. Die Zeitungen verbreiten Schreckensberichte aus den Gästehäusern. Mit seinen engen und dunklen Wohnungen erinnert Chungking Mansions die Hongkonger an ihre Vergangenheit; vielleicht ist es deshalb bei vielen so unbeliebt.

Frau Jin stellt Pappbecher mit Jasmintee auf den Couchtisch. Mit ihrem Mann Wang lebt sie im 15. Stock. Die enge Wohnung des Rentnerpaares ist voll gestellt mit Pflanzen und Möbeln. Es herrscht eine gemütliche Unordnung aus Büchern und Plastiktaschen. An der Wand steht eine alte Singer-Nähmaschine. Jin und Wang kamen in den 70er Jahren aus Shanghai nach Hongkong. Frau Jin fand Arbeit in einer Kleiderfabrik, diente sich bis zur Vorarbeiterin hoch. Als das Werk geschlossen und die Produktion nach China verlagert wurden, legten Jin und Wang ihre Ersparnisse zusammen und kauften 1997 eine Wohnung in Chungking Mansions. „Das war unser Fehler", sagt Herr Wang.

Es war das Jahr, in dem für viele Hongkonger die Träume platzen. 1997 zogen die Briten ab, die Stadt schien auf ihrem Höhepunkt zu sein. Hongkongs Aktienmarkt glich einem gewaltigen Casino, in dem es nur

Curry zum Lunch: Auch wenn das Ambiente zu wünschen übrig lässt – die indischen Imbisse und Restaurants in Chungking Mansions sind bekannt für ihre gute Küche

South China Morning Post, Juni 1992

>Touristen fliehen vor Feuerkatastrophe. Bewohner in Chungking Mansions berichteten, wie sie durch rauchgefüllte Gänge stolperten und Bettlaken zusammenknoteten.<

Gewinner zu geben schien. Die Immobilienpreise waren höher als in New York oder Tokio. Mit der neuen Wirtschaftsmacht China an der Seite, was sollte für Hongkong noch schief gehen? Kurz darauf platze die Blase. „Unsere Wohnung ist nur noch die Hälfte wert", sagt Frau Jin und lächelt tapfer. Das Ehepaar hält sich mit den Einnahmen aus der Zimmervermietung über Wasser. In einer zweiten Wohnung nebenan betreiben sie das „Kyoto Guesthouse". „Wir gehen kaum noch raus. Meistens nur um einzukaufen", sagt Frau Jin. Wang deutet auf die schmalen vergitterten Fenster. „Wir können sogar ein bisschen Meer sehen."

Eigentlich dürfte es Chungking Mansions nicht mehr geben. Schon vor Jahren wollten Immobilienspekulanten das 1962 erbaute Haus abreißen lassen, um an der Stelle ein modernes Hochhaus zu bauen. Die Pläne scheiterten daran, dass sich die vielen Eigentümer der Wohnungen nicht einigen konnten. Chungking Mansions ist im Besitz von mehreren hundert Familien. „Es gibt einfach zu viele unterschiedliche Interessen", sagt Wang. Vor zwei Jahren habe nebenan im Ballsaal des Holiday Inn die letzte Eigentümerversammlung stattgefunden. Auf Druck vieler Wohnungsbesitzer habe man die Sicherheit verbessert, Feuermelder und Kameras in den Aufzügen installiert. Auf einen Anstrich der Fassade konnte man sich nicht einigen. „Chungking Mansions wird sich nie verändern", sagt Frau Jin.

Mein letzter Abend. In der Nanak Kantine im vierten Stock treffe ich Corina. Sie isst Tandoori-Hühnchen. „Die Inder sind das beste hier", sagt sie. Ihre blonden Haare hängen als Rastazöpfe vom Kopf. Corina ist 21, kommt aus der Schweiz, und ist auf Reisen. „Eine lange Reise", sagt sie. Seit zwei Wochen wohnt sie in Chungking Mansions und sucht einen Gelegenheitsjob in Hongkong: „Vielleicht kann ich in einem Sandwich-Laden arbeiten oder so was." Gefunden hat sie bisher nichts. Ihr Tage verbringt sie damit, in Chungking Mansions andere Leute zu treffen. Wie lange sie bleibt, weiß sie nicht. „Vielleicht noch ein, zwei Wochen, wenn ich keinen Job finde."

Samer sitzt auf der Treppe. Zwei Tage habe die Flugreise aus Lagos gedauert, erzählt er. Samer ist Händler aus Nigeria. „Textilien, kleine Mengen", sagt er. Wir treffen uns im Treppenhaus von Block A. Er ist Ende 40, trägt ein weiß-rot gestreiftes Polo-Shirt, eine goldene Uhr, schwarze Lederschlappen, sitzt auf dem Boden und raucht. In der Ecke stapeln sich Küchenabfälle. Dreimal im Jahr komme er nach Hongkong, um Nachschub einzukaufen, erzählt Samer. Gerade hat er 10 000 Jeanshosen nach Nigeria verschifft. „Die Konkurrenz ist hart." Die meisten Nigerianer in Chungking Mansions leben vom Kleiderhandel. Samer zieht an seiner Zigarette. „Hongkong ist eine hässliche Stadt, aber gut zum Geschäftemachen", sagt er.

Nachts höre ich wieder die Stimmen der Frauen. Der Gang vor meinem Zimmer ist voll gestellt mit Taschen und Plastiksäcken voller Kleidung. Einige der Afrikaner aus den Nachbarzimmern werden morgen ausziehen. Am Nachmittag kam Herr Lee mit zwei deutschen Touristen im Schlepptau in das Gästehaus, um ihnen die Zimmer zu zeigen. „*Good room, very cheap*", hatte er gesagt.

Die Abendluft, die durch das Fenster hereinweht, riecht nach Curry, die Klimaanlage brummt, draußen im Gang ist es jetzt still. □

MERIAN | TIPP Low Budget-Quartiere

Einige der Guesthouses in Chungking Mansions sind durchaus sauber und sicher – wenn sich auch der Komfort in Grenzen hält. Zu empfehlen sind z.B.:

Dragon Inn
Block B, 3. Stock
Tel. 23 68 20 07
Fax 27 24 28 41
dragoninn@asiaonline.net
Einzel-/Doppel-/Dreierzi. mit Bad: 200/240/300 HK$, ohne Bad: 150/200/270 HK$

Peking Guesthouse
Block A, 12. Stock
Tel. 27 23 83 20
Fax 23 66 67 06 Einzel-/Doppel-/ Dreier-Zi. mit Bad: 150/180/300HK$

Kyoto Guesthouse
Block A, 15. Stock
Tel. 27 21 35 74
DZ ohne/mit Dusche: 100/150 HK$, Einzelzi. ohne Dusche: 90 HK$

>> weitere Tipps im Service-Teil auf Seite 126

INFO Service

MERIAN-Top Ten

1. Star Ferry und Tram Die Überfahrt mit der Star Ferry von Kowloon nach Hongkong Island bietet einen faszinierenden Blick auf die Skyline. Auf Hongkong Island angekommen, ist die günstigste Sightseeingtour eine Fahrt mit der zweistöckigen Trambahn über die Insel **(C 7)**.

2. The Peak Tower Den schönsten Blick auf Hongkong hat man von der Aussichtsplattform auf dem Victoria Peak. Am besten in der Abenddämmerung, wenn die Skyline leuchtet **(A 10)**.

3. Cocktail in der Felix-Bar und Teatime in der Lobby des Penisula Hotels Eine Übernachtung im Peninsula Hotel sprengt die meisten Reisebudgets. Aber einen Aternoon Tea und einen Drink in der Rooftop Bar Felix sollte man sich leisten **(C 7)**.

4. Delfin Safari Der Ausflug zu den seltenen rosaroten Delfinen vor der Küste von Lantau ist vor allem für Familien mit Kindern absolut empfehlenswert.

5. Tian Tan Buddha Statue Die größte Buddhastatue der Welt, idyllisch auf einem Hügel inmitten der Bergwelt von Lantau platziert. Das benachbarte Po Lin Kloster ist ein Ort der Stille **(A 14)**.

6. Tempel der zehntausend Buddhas Mehr als 13 000 Buddhafiguren stehen in der großen Gebetshalle. Spektakulär ist auch der Aufstieg zum Tempel, gesäumt von 500 goldenen Statuen der Jünger Buddhas **(D 12)**.

7. Nachtleben in Lan Kwai Fong Nur drei, vier kleine Straßen bilden Honkongs berühmtestes Nightlife-Zentrum im Stadtteil Central.

8. Repulse Bay Entspannen am Sandstrand in unmittelbarer Nähe der Metropole **(D 14)**.

9. Shopping Nehmen Sie eine leere Tasche mit ins Reisegepäck. Egal, ob Sie auf Märkten oder in edlen Boutiquen kaufen, Sie werden mit mehr Gepäck gehen, als Sie gekommen sind.

10. Macao Einen Spaziergang durch die koloniale Vergangenheit, reichhaltiges portugiesisches Essen und zum Abschluss Nervenkitzel beim Skywalk auf dem Macao Tower.

MERIAN-orbit
Grün und weitläufig wirkt Hongkong aus 705 km Höhe. Fast 40 Prozent der Fläche stehen unter Naturschutz. Das Zentrum der Stadt liegt an der Nordküste von Hongkong Island und in Kowloon auf der anderen Seite des Victoria Harbour. 234 Inseln gehören zum Gebiet der Sonderverwaltungszone, im Norden von Lamma Island liegt der neue internationale Flughafen auf einer künstlichen Insel. Ebenfalls spektakulär: die riesige Industriestadt Shenzhen, die direkt an Hongkongs Hinterland grenzt.

AUSKUNFT

In Deutschland, Österreich und der Schweiz
Hongkong Tourism Board
Humboldtstraße 94
60318 Frankfurt/Main
Tel. (069) 959 12 90
frawwo@hktourismboard.com

Fremdenverkehrsbüro Macao
Schenkendorfstraße 1
65187 Wiesbaden
Tel. (06 11) 267 67 30
Fax 267 67 60
www.macau-info.com

In Hongkong bzw. Macao
(E/F 8) **Hongkong Tourism Board (HKTB)**
9-11/F, Citicorp Centre
18 Whitfield Rd, North Point
Hongkong
Tel. 28 07 65 43
Fax 28 06 03 03
www.DiscoverHongKong.com

(b 3) **Macau Government Tourist Office**
Alamada Dr. Carlos D'Assumpção
335-341, 12 Andar, Macao
Tel. 31 55 66, Fax 51 01 94
www.macautourism.gov.mo

ANREISE

Flüge ab Deutschland
Cathay Pacific fliegt täglich von Frankfurt nach Hongkong. Zubringermöglichkeit von allen deutschen Bahnhöfen mit Rail & Fly. Flugtickets ab 622 Euro (Economy), ab 677 Euro inkl. Rail & Fly. Von Hamburg, Berlin, Düsseldorf, Köln, Frankfurt, Stuttgart und München mit British Airways über London nach Hongkong ab 699 Euro. Vom Hongkonger Flughafen Chek Lap Kok fährt der moderne Airport Express in nur 23 Minuten nach Central. Die Züge fahren von 5.50 bis 01.15 Uhr im Zehn-Minuten-Takt. Günstiger ist die Fahrt mit einem der Flughafenbusse.

EIN- UND AUSREISE

Deutsche, Österreicher und Schweizer benötigen für einen Aufenthalt bis zu 90 Tagen einen Reisepass, der noch mindestens einen Monat über den Aufenthalt hinaus gültig ist.

Von Hongkong nach Macau
Das Fährterminal und der Heliport befinden sich im Shun Tak Centre auf Hongkong Island, U-Bahn (MTR): Sheung Wan. Außerdem halten mehrere Buslinien im angrenzenden Busbahnhof. Die Tragflächenboote

benötigen knapp eine Stunde, fahren rund um die Uhr, tagsüber legen sie alle 15 Minuten ab. Tickets verkaufen die Schalter im Terminal. An Wochenenden und Feiertagen ist Vorausbuchung empfehlenswert.

Ausflüge nach China

Für einen Ausflug nach China benötigt man ein Visum, das man sich entweder schon in Deutschland bei der chinesischen Botschaft besorgt **(www.china-botschaft.de)** oder über die Reiseveranstalter in Hongkong erhält, die Touren nach China anbieten. Wer auf eigene Faust fahren möchte, gelangt mit öffentlichen Verkehrsmitteln problemlos in die Regionen Kanton, Zhuhai und Shenzhen. Problematisch kann sein, dass auf der chinesischen Seite kein oder wenig Englisch gesprochen wird. Einfacher wird es, wenn man in einem Reisebüro oder beim HKTB ein Pauschalangebot bucht, bei dem dann auch das Visum vom Veranstalter besorgt wird. Im Angebot sind Tagesausflüge in die Grenzregionen, aber auch mehrtägige Touren.

China Travel Service

Bei der staatliche chinesischen Reiseagentur mit mehreren Filialen in Hongkong können Visa beantragt werden.
(A 8) CTS House, 78-83 Connaught Road, Central
Tel. 28 53 35 33
Fax 25 43 26 71
www.chinatravelOne.com

AKTUELLE INFORMATION

Telefon

Gespräche nach Europa können von öffentlichen Telefonzellen geführt werden, am besten mit Telefonkarten. Die Vorwahl nach Deutschland ist 001 49, nach Österreich 001 43 und in die Schweiz 001 41. Die internationale Vorwahl von Hongkong ist 008 52, von Macau 008 53.

Notruf

Polizei, Feuerwehr und Krankenwagen sind unter der Nummer 999 zu erreichen.

Geld

Ein Hongkong-Dollar (HK$) ist in 100 Cents unterteilt, der Kurs ist an den US$ gekoppelt. (1 US$ = 7,80 HK$; der Euro schwankt entsprechend. Die Währung Macaos ist der Pataca (MOP), der sehr eng an den HK$ gebunden ist. In Macao werden überall HK$ im Verhältnis 1:1 akzeptiert, in Hongkong dagegen werden MOPs nicht angenommen.

Gesundheit

Impfungen sind nicht vorgeschrieben, die Hygiene ist vorbildlich, das Leitungswasser trinkbar, selbst die einfachen Straßenküchen sind in der Regel unbedenklich.

UNTERWEGS IN HONGKONG

Hongkongs Zentrum teilt sich in das südliche Hongkong Island, das nördliche Kowloon, das zum Festland gehört und die daran angrenzenden New

INFO | INHALT

Autoren des Infoteils: Rasso Knöller und Christian Nowak

INFO | LEGENDE

Alle Adressen im Info-Magazin sind MERIAN-Empfehlungen.
Preiskategorien Hotels: € DZ unter 75 €, €€ DZ 75€-150€, €€€ DZ 150€-250 €, €€€€ DZ über 250€.
Preiskategorien Restaurants: € Hauptgericht/Menü bis 5 €, €€ Hauptgericht/Menü zwischen 5€ und 15 €, €€€ Hauptgericht/Menü ab 15€.

Die Planquadrate der Adressen beziehen sich auf die MERIAN-Karte (Seite 123-125) und auf den Stadtplan von Macao (Seite 95)

Landesdaten

HONGKONG
Landesname: Seit 1.7.1997 Sonderverwaltungsregion Hongkong der Volksrepublik China (Special Administrative Region, SAR).
Fläche: 1099 km^2 (einschl. New Territories).
Einwohner: 6,8 Mio., davon 98% Chinesen (durchschnittlich 6187 Einw./km^2, Kowloon und Hongkong Island um ein Vielfaches höher).
Landessprache: Chinesisch (Kantonesisch) und Englisch.
Religionen: überwiegend Buddhismus, Taoismus, christliche Minderheit.
Nationalfeiertag: **1. Oktober** (Gründung der VR China); **1. Juli** (Hongkong SAR Establishment Day).
Wirtschaft: Dienstleistungen, Handel, Banken, Telekommunikation, Tourismus. Jährliches Pro-Kopf-Bruttoinlandsprodukt 24 000 US$ (2002).
Parlament: Legislative Council, auf vier Jahre teildemokratisch gewählt, keine Regierungs- bzw. Oppositionsparteien.
Presse: neben mehreren chinesischen zwei englischsprachige Tageszeitungen (South China Morning Post, The Standard).

MACAO
Landesname: Seit 20. Dezember 1999 Sonderverwaltungsregion Macao der Volksrepublik China (Special Administrative Region, SAR).
Fläche: 26,8 km^2
Einwohner: 448 500 Einw., davon 95% Chinesen, 5% Portugiesen, Europäer und weitere Minderheiten (16 735 Einw./km^2)
Landessprache: Portugiesisch, seit 1998 auch Chinesisch. 96,6% sprechen Chinesisch, zumeist Kantonesisch.
Religion: Überwiegend Buddhismus, Taoismus und konfuzianischer Ahnenkult, 7 % Katholiken.
Nationalfeiertag: 1. Oktober (Gründung der VR China)
Wirtschaft: Textilindustrie, Baugewerbe, Glücksspiel, Tourismus. Jährliches Pro-Kopf-Bruttoinlandsprodukt 15 400 US$ (2002).
Presse: Neben mehreren chinesischen drei Tageszeitungen in portugiesischer Sprache.

Territories. Hongkong Island mit den Geschäftsvierteln Central, Admirality und Wan Chai ist flächenmäßig relativ klein und deswegen gut zu Fuß zu entdecken. Auch in Kowloon sollte man Viertel wie Tsim Sha Tsui oder Mong Kok am besten zu Fuß durchstreifen. Für weitere Distanzen bieten sich die alte zweistöckige Trambahn, zahlreiche Buslinien und die U-Bahn (MTR) an.

Mass Transit Railway (MTR)

Das U-Bahn-Netz hat eine Länge von rund 100 km mit 50 Stationen. Selbst mit dem Taxi braucht man in der Regel länger als mit der MTR, um von Kowloon nach Hongkong Island zu kommen. Die Züge der zentralen Linien fahren von 6 Uhr früh bis 1 Uhr nachts, während des Berufsverkehrs im Zwei-Minuten-Abstand, sonst alle vier Minuten. Die MTR ist hochmodern und vollständig automatisiert, elektronische Fahrpläne und Nachrichtenbildschirme in den Zügen gehören ebenso zum Standard wie die digitalen Pfeilbilder in den Waggons, die die Orientierung erleichtern.

Octopus Card

Mit dem elektronischen Fahrschein spart man sich das ständige Kramen nach Kleingeld bei der Benutzung des öffentlichen Nahverkehrs. Mit der Octopus Card können Airport Express, Peak-Tram, MTR, Fähren, Stadtbusse und Lantau-Busse benutzt werden. Die Karten sind an den Servicepoints der U-Bahn-Stationen erhältlich und können dort mit variablen Geldbeträgen aufgeladen werden.

BÜCHER

Reiseführer

Hongkong und Macau ADAC Reiseführer, ADAC Verlag 2001, 4,95 €. Optisch ansprechend, gute, übersichtliche Beschreibung der Sehenswürdigkeiten. Knapper Infoteil.

Hongkong Baedeker, Verlag Karl Baedeker 2000, 12,95 €. Bewährtes Standardwerk, faktenreich und ausführlich, aber relativ wenig praktische Infos.

Hongkong, Macau Polyglott on tour, Krücker, Franz-Josef, 2003, 7,95 €. Pocketführer mit vielen Infos zu den Sehenswürdigkeiten und guter Karte.

MERIAN live! Hongkong Travelhouse Media 2003, 7,95 €. Kompakter Führer mit guten Tipps zu Shopping, Restaurants und Sehenswürdigkeiten. Außerdem ausführliche Informationen zu Ausflügen nach Macao und auf die Inseln.

Top 10 Hongkong 2002 Dorling Kindersley, 9,95 €. Top 10 Listen aus allen touristisch interessanten Bereichen, ideal für den schnellen Überblick.

Hong Kong & Macau Fallon, Steve, Lonely Planet 2002, ca. 18,00 €. Englisches Standardwerk für Individualreisende.

Hongkong, Macau, Kanton Reise-Know-How; Lips, Werner, Peter-Rumpf-Verlag 2002, 19,90 €. Gut recherchiert mit praktischen Tipps und viel Hintergrund. Das deutsche Pendant zum Lonely Planet.

Der Walker Hongkong National Geographic, 2003, 7,95 €. Dünner Band mit vielen Karten zum Aufklappen.

Belletristik

Kowloon Tong, Paul Theroux, Hoffmann und Campe, 1997, antiquarisch erhältlich. Atmosphärisch dichtes, zuweilen beklemmendes Porträt der Beziehungen zwischen Hongkong-Briten, neuen chinesischen Machthabern und ehemals aus der Volksrepublik geflüchteten Hongkong-Chinesen.

Noble House Clavell, James, Blanvalet Verlag, 12,00 €. Der wohl berühmteste Hongkong-Roman spielt in den 60er Jahren des 20. Jhs. Thema ist der Aufstieg eines mächtigen Handelshauses in Hongkong.

Suzie Wong. Mason, Richard, Ein Europäer verliebt sich in ein chinesisches Freudenmädchen, sie retten sich gegenseitig aus allerhand Schwierigkeiten, am Schluss fließen die Tränen. Begründete den legendären Ruf des ehemaligen Rotlichtviertels Wan Chai. Nur noch antiquarisch erhältlich. Ein Klassiker.

Tai-Pan Clavell, James, Blanvalet Verlag, 2003, 10,00 €. Spannender Roman, der in der frühen Kolonialzeit Hongkongs spielt und die Geschichte eines schottischen Kaufmanns erzählt, der von dem Plan besessen ist, Hongkong zu einem Tor ins Reich der Mitte zu entwickeln. Fiktiv mit historischen Wurzeln.

DATEN | WETTER

Hongkong		Jan.	Feb.	März	Apr.	Mai	Juni	Juli	Aug.	Sept.	Okt.	Nov.	Dez.
Durchschnittl. Temp. in °C Tag/Nacht	Tag	18	18	20	24	28	30	31	31	30	28	24	20
	Nacht	13	13	16	19	23	26	26	26	25	23	19	15
Sonnenstund./Tag		5	4	3	4	5	5	7	7	7	7	6	6
Regen-Tage		6	8	11	11	16	21	19	17	15	8	5	5

Hongkong und Macao haben subtropisches Klima mit deutlich ausgeprägten Jahreszeiten. Beste Reisezeit ist der Herbst wegen der angenehmen Temperaturen (18-28 Grad) und der relativ niedrigen Luftfeuchtigkeit. Von Ende September bis Anfang Dezember stehen auch die Chancen für klare, sonnige Tage ohne Dunstschleier am besten. Im Mai, Juni und August fallen die meisten Niederschläge. Mitte Dezember bis Februar ist es kühl (14-20 Grad) bei geringer Luftfeuchtigkeit, von März bis Mai wird es wärmer (18-27 Grad), die Luftfeuchtigkeit steigt bis auf 80 Prozent. Der Sommer (Ende Mai bis Mitte September) ist heiß und schwül (26-33 Grad).

MERIAN | TIPP

Wettlauf nach oben

Wo wenig Platz ist, bleibt nur der Himmel: Im weltweiten Wettstreit der Wolkenkratzer behauptet Hongkong seine Stellung: Von den 20 höchsten Gebäuden der Welt stehen gegenwärtig vier in Hongkong. Das sind das 415 Meter hohe, 2003 eröffnete Number Two International Finance Centre, das an einen riesigen elektrischen Rasierapparat erinnert, der 374 Meter hohe Central Plaza Tower, der 369 Meter-Turm der Bank of China sowie The Center mit einer Höhe von 350 Metern. Bescheiden nimmt sich dagegen das Gebäude der Hong Kong und Shanghai Bank aus, das vergleichsweise läppische 179 Meter misst und unter Hongkongs Hochhäusern nur den 65. Platz einnimmt. Wegen seiner aufwändigen Bauweise gilt es aber als eines der teuersten Bürogebäude weltweit. Wer sich für die Stadtentwicklung Hongkongs interessiert, sollte in der City Hall die interessante und gut konzipierte Ausstellung zur Stadtentwicklung besuchen. Hier kann man nicht nur Modelle und Pläne von realisierten Bauprojekten sehen, sondern auch von solchen, die nie zur Ausführung kamen.

Ausstellung zur Stadtplanung:
(B 8) City Hall, 3 Edinburgh Place *Mi-Mo 10-18 Uhr*
Skyscraper:
(B 8) Number 2 International Finance Centre 8 Finance Street *nicht öffentl. zugänglich*
(C/D 9) Central Plaza Tower 18 Harbour Road, Aussicht vom 46. Stock *Mo-Fr 9-17 Uhr*
(B 9) Bank of China Tower 1 Garden Road, Ecke Queensway, Aussicht von der 43. Etage *tgl. 9-18 Uhr*
(A 8) The Center 99 Queen's Road *nicht öffentlich zugänglich*
(B 9) Hongkong und Shanghai Bank Des Voeux Road *Schalterhalle auf 52 m Höhe ist zu Bürozeiten öffentlich zugänglich*

CAUSEWAY BAY

(E 8) Noon Day Gun

Seit 1860 – jeden Tag pünktlich um 12 Uhr mittags – feuert ein uniformierter Schütze einen Schuss aus der kleinen Kanone am Hafen vor dem Hotel Excelsior ab. Dieser Brauch geht auf das einst größte Hongkonger Handelshaus Matheson zurück, das seine Schiffe mit einem offiziell verbotenen Salut begrüßte. Den britischen Gouverneur ärgerte diese Missachtung des Gesetzes, deshalb verurteilte er Matheson dazu, täglich um 12 Uhr ein Zeitsignal für Hongkong zu geben.
Gloucester Rd.

Hongkongs beliebtester Anachronismus: die alte doppelstöckige Straßenbahn

CENTRAL

(B 9) Flagstaff House

Hervorragendes Teemuseum in einem alten Herrenhaus aus der Mitte des 19. Jh. am Rande des Hongkong Park. Hier erfährt man beispielsweise, wie die unterschiedlichen Teesorten richtig zubereitet werden und welche Kanne für welchen Tee die richtige ist.
Cotton Tree Drive *tgl. 10-17 Uhr Di geschl., Eintritt frei*

(A 8) Hollywood Road und Cat Street Market

Ein Paradies für Antiquitäten- und Kuriositätenliebhaber. In unzähligen Läden oder direkt auf der Straße bekommt man jede Menge originelle Souvenirs, wobei das Feilschen um einen für beide Seiten akzeptablen Preis bei jedem Kauf dazugehört. Offizieller Name der Cat Street ist Upper Lascar Row. Ihren Spitznamen bekam sie, weil Krimskrams, der auf Flohmärkten angeboten wird, für Chinesen „Mäuseware" ist und die Käufer wie Katzen danach schnappen. **(Siehe auch Hollywood Road, S. 42)**

(B 8/9) Statue Square

Früher stand in dem kleinen Park mit den Wasserbecken und Springbrunnen eine Statue von Königin Victoria, die mittlerweile in den Victoria-Park umgezogen ist. Ihren Platz hat eine Statue des Bankdirektors Sir Thomas Jackson eingenommen. Ins Auge fällt das 1912 erbaute neoklassizistische Kolonialgebäude des Legislative Council, von Hongkongern kurz LegCo genannt. Vom Statue Square gelangt man schnell zum grünen Chater Garden inmitten der Wolkenkratzer und zur Des Voeux Road, einer der belebtesten Shoppingmeilen von Central.

(B 9) Hongkong Park

Grüne Oase im Herzen der Stadt mit künstlich angelegten Teichen und Bächen. Hier treffen sich besonders an Wochenenden Familien zum Spaziergang oder zum Picknicken, Jogger drehen hier morgens und abends ihre Runden. Ganz in der Nähe liegen der Zoo und der Botanische Garten. Letzterer wurde Mitte des 19. Jahrhunderts eröffnet und beeindruckt mit großen Feigenbäumen und Palmen.
Cotton Tree Drive *tgl. 6-23 Uhr*
Zoo/Botanischer Garten, Upper Albert Road *tgl. 6-22 Uhr*

(B 9) St. John's Cathedral

Die Kathedrale ist die älteste christliche Kirche in Hongkong und wahrscheinlich auch die älteste anglikanische Kirche in ganz Ostasien. Das 1852 geweihte Gotteshaus, das gotische und normannische Bauelemente vereinigt, wurde während der japanischen Okkupation schwer beschädigt. Deshalb stammt die Inneneinrichtung aus der Zeit nach dem Zweiten Weltkrieg.
4-8 Garden Road
tgl. 7-18 Uhr

MID-LEVELS

(A 10) Victoria Peak

Es gibt wohl keinen schöneren Platz, um einen Blick auf das Häusermeer Hongkongs zu werfen: Der Gipfel des Victoria Peak ist mit 554 m die höchste Erhebung Hongkong Islands. Der moderne, 1995 eröffnete Peak Tower mit seinem ambossförmigen Dach und einer Aussichtsplattform ist die Bergstation der Peak Tramway. Seit 1888 bringt die Bahn Besucher in knapp zehn Minuten zum Peak. Die Fahrt geht steil den Hang hinauf, wobei sich immer wieder schöne Ausblicke auf die kleiner werdenden Hochhäuser bieten. Im Peak Tower befinden sich Souvenirshops, die Kuriositätensammlung „Ripley's Believe It Or Not" und Madame Tussaud's Wachsfigurenkabinett. Vom Café Deco bietet sich ein Panoramablick auf die Stadt, von der Gartenterrasse des Peak Lookout sieht man Richtung Lamma Island.
Peak Tram *tgl. 7-0 Uhr, einfache Fahrt 20 HK$, hin und zurück 30 HK$*

SHEUNG WAN

(A 8) Man-Mo-Tempel

Der 1848 erbaute taoistische Man-Mo-Tempel ist einer der ältesten Hongkongs. Im rotgoldenen Innenraum hängen große Räucherspiralen von der Decke, die einen starken Duft von Sandelholz verbreiten. Viele Hongkonger kommen hierher, um sich mit Hilfe von Orakelstäbchen die Zukunft vorhersagen zu lassen. Der Tempel ist sowohl Man, dem Gott der Literatur, als auch Mo, dem Kriegsgott, gewidmet.
124 Hollywood Road *8-18 Uhr*

WAN CHAI

(C 8) **Convention & Exhibition Centre**
Die geschwungene Dachkonstruktion des Kongresszentrums ist schon vom gegenüberliegenden Kowloon auszumachen. Von oben betrachtet lässt sich das Ansinnen der Architekten, einen fliegenden Vogel darzustellen, gut nachvollziehen. Der hochmoderne Komplex besitzt die größte Glasfassade der Welt mit Blick auf den Hafen und war eines der teuersten Bauvorhaben Hongkongs.
1 Harbour Road

SÜDLICHES HONGKONG ISLAND

(C 14) **Aberdeen**
Wahrzeichen Aberdeens sind Hausboote und seine schwimmenden Restaurants. Das bekannteste ist zweifellos „The Jumbo", das größte Restaurantschiff der Welt. Am Abend wird es von tausenden Glühbirnen hell erleuchtet und ist schon von fern auszumachen. Vom Hafen bringen kleine Boote Gäste kostenlos zu den Restaurants. Die Speisesäle sind groß, das Interieur wirkt oft kitschig und überladen, trotzdem ist ein Besuch ein Erlebnis.

(C/D 14) **Deep Water Bay und Repulse Bay**
Die beiden Badebuchten sind gut mit öffentlichen Verkehrsmitteln zu erreichen. Auf den grünen Hügeln hinter den Stränden liegen mehrere sehr begehrte Wohnlagen. Berühmt ist ein Hochhaus am Berghang von Repulse Bay, in dem ein zehn mal zehn Meter großes Loch klafft. Feng-Shui-Experten rieten zu der kostspieligen Platzverschwendung, um dem vermeintlich auf dem Hügel lebenden Drachen nicht den Blick aufs Meer zu nehmen.

(D 14) **Stanley**
Der einstige Piratenunterschlupf aus vorkolonialer Zeit ist heute beliebter Wohnort für Hongkonger (und viele Ausländer), die die waldreiche Umgebung und die schönen Strände schätzen. Touristen kommen wegen des Stanley Markets, auf dem Massen von Taschen, Kleidung und Nippes angeboten werden. Hier kann man sich auch einen Stempel mit seinem Namen in chinesischen Schriftzeichen schnitzen lassen. Sehenswert ist außerdem das neoklassizistische Murray House, das britischen Soldaten in Central einst als Kaserne diente, dann ab- und später in Stanley Stein für Stein wieder aufgebaut wurde.

ÖSTLICHES HONGKONG ISLAND

(D 14) **Shek O**
Ein Ausflug zum kleinen Fischerdorf Shek O ist eine der besten Möglichkeiten, Entspannung fern des Großstadtrummels zu finden. Die von Felsen und Hügeln begrenzte Bucht hat einen feinsandigen Strand, an dem man Sonnenschirme und Liegen mieten kann. Allerdings kommen an sonnigen Wochenenden auch die Hongkonger in Scharen hierher.

Trambahn

Nostalgie auf Schienen
Hongkongs Straßenbahn ist ein Anachronismus: Auf einem 16 Kilometer langen, altersschwachen Schienenstrang rumpeln die doppelstöckigen Wagen der Tram kaum schneller als ein müder Jogger durch die Straßenschluchten von Hongkong Island. Schon einige Male sollte die altehrwürdige Tram eingemottet werden, doch die Pläne scheiterten jedes Mal an den Protesten der Bevölkerung. Nur zwei HK$, umgerechnet etwa 20 Cents, braucht man, um ein Platz auf dem Oberdeck einnehmen zu dürfen. Die Haltestellen liegen kaum mehr als 100 Meter auseinander und eine Bahn ist immer in Sichtweite, von fünf Uhr in der Früh bis ein Uhr nachts. Die Tram durchquert Hongkong Island auf der Ost-West-Achse, man muss sich nur entscheiden, ob man von Sheung Wan im Westen über Central, Wan Chai und Causeway Bay gen Osten fahren will oder in die Gegenrichtung.

MERIAN | TIPP

Perfekte Harmonie

Das **Chi Lin Nonnenkloster** hätte einen schöneren Standort verdient, denn die Nähe zu den Hochhäusern von Diamond Hill will nicht so recht zu diesem Hort der Stille passen. Schon seit den 1930er Jahren leben Nonnen an diesem Ort, im Jahr 2000 wurde das alte Gebäude durch einen neuen weitläufigen Klosterkomplex ersetzt, der mehr als 30 000 Quadratmer umfasst. Die Anlage ist eine aufwändige Rekonstruktion eines alten Tempels aus der Tang-Dynastie (618-907 n. Chr.). Teiche mit Lotusblumen, verzierte Marmorsäulen, elegant geschwungene, ineinander verschachtelte Dächer, hölzerne Arkadengänge und perfekt gepflegte Gärten machen das Kloster zu einem architektonischen Schmuckstück. Für die Zimmerleute war der Bau eine Herausforderung, denn die Holzgebäude sollen ohne jeden Nagel zusammengefügt worden sein. Noch herrscht auf diesem für Besucher frei zugänglichem Gelände andächtige Stille, Touristengruppen finden bis jetzt nur selten hierher.

(D 13) 5 Chi Lin Drive, Diamond Hill, Tel. 23 54 16 04
9-15.30 Uhr, Mi geschl.

KOWLOON CITY

(E/F 1/2) **Kowloon Walled City Park**
Stadtpark auf dem Gebiet der ehemaligen Walled City, die nach der Übergabe Hongkongs an die Briten unerklärlicherweise zuerst unter dem Befehl der Chinesen blieb. Die Briten übernahmen zwar später das Kommando, dennoch galt die Walled City bis in die Neunziger Jahre als ein gesetzloses Niemandsland, in dem Armut, Drogenmissbrauch und Verbrechen herrschten. Bis zu 40 000 Menschen lebten in den engen Gassen, oft unter erbärmlichen sanitären Bedingungen. 1992 ließ die Stadt den Komplex abreißen und dort Sozialwohnungen und den Park errichten.
Carpenter Road, erreichbar mit Bus Nr. 1 von der Star Ferry *tgl. 6.30-23 Uhr*

MONG KOK

Goldfisch-, Vogel- und Blumenmarkt
Das Besondere der Märkte in Mong Kok: Hier kaufen fast nur Einheimische. Ältere Herren begutachten die Fische in mit Wasser gefüllten Tüten, Kinder stehen fasziniert vor den viel zu kleinen Käfigen mit Singvögeln. Hinter dem Vogelmarkt haben die Blumenhändler ihre Stände.
(C 3) Goldfischmarkt
Tung Choi Street
(C/D 2) Vogelmarkt
Yuen Po Street
(C 2) Blumenmarkt, Flower Market Road, *alle drei tgl. 10-18 Uhr*

SHAM SHUI PO

(B 2) **Apliu Street Market**
Nur wenige Touristen besuchen den Straßenmarkt in der Apliu Street, zum Teil werden hier Waren angeboten, bei denen man sich kaum vorstellen kann, dass sie noch Abnehmer finden, daneben aber auch günstige Elektroartikel. Groß ist auch das Sortiment an gefälschten Markenuhren.
Sa, So 12-19 Uhr

TSIM SHA TSUI

(C 7) **Clock Tower und Uferpromenade**
Eine der schönsten Sehenswürdigkeiten der Stadt ist kostenlos, nämlich der Blick von der Uferpromenade in Tsim Sha Tsui hinüber zur Skyline von Hongkong Island. Zwar sind die Restaurants und Kneipen auf der Promenade noch in Planung, aber die Aussicht ist auch so faszinierend. Der 45 Meter hohe Clock Tower aus dem Jahre 1921 erinnert daran, dass hier die Zugstrecke von und nach Kanton endete.
Clock Tower *So 10-18 Uhr*

(C 7) **Cultural Centre, Art Museum, Space Museum**
Das Kulturzentrum mit der Kunstsammlung und dem Weltraum-Museum liegt ganz in der Nähe des Star Ferry-Anlegers an der Südspitze von Tsim Sha Tsui. Das Kulturzentrum wurde 1989 erbaut und war damals höchst umstritten, da es trotz der beeindruckenden Lage direkt am Wasser keine Fenster zum Meer hin hat. Das Kunstmuseum zeigt in seinen sechs Galerien vor allem Porzellankunst, Kalligraphie und klassische chinesische Malerei. Das Space Museum beherbergt u.a. eines der weltgrößten Planetarien und eine Ausstellung zur Geschichte der Weltraumforschung.
Art Museum, 10 Salisbury Road Tel. 27 21 01 16
10-18 Uhr, Do geschl., Eintritt 10 HK$
Space Museum, Tel. 27 21 02 26
Mo, Mi-Fr, 13-21, Sa, So 10-21 Uhr, Eintritt 10 HK$

(D 6) **Hongkong Museum of History**
Ausstellung zur Geschichte Hongkongs von der Frühzeit bis

Neu trifft alt: das Cultural Center vor dem leuchtenden Clock Tower

zur Gegenwart. Auffällig kurz ist die Zeit der britischen Herrschaft dargestellt. Interessant ist der Nachbau einer Straße aus dem frühen 20. Jh.
100 Chatham Road
Tel. 27 24 90 42 *tgl. 10-18*
So bis 19 Uhr, Di. geschl.
Eintritt 10 HK$

(C 2-6) Nathan Road, Golden Mile

„Want suit? Fake Rollex, cheap, cheap, cheap! Mister, please!" Man braucht schon starke Nerven, um sich in das Menschengewühl der Nathan Road, der Hauptstraße von Kowloon, zu stürzen. Auf gut dreieinhalb Kilometer Länge zieht sie sich von der Südspitze Tsim Sha Tsuis in Richtung Norden bis zur Boundary Street in Mong Kok. Letztere war bis zum Erwerb der New Territories im Jahre 1898 die Grenze zwischen Hongkong und China. Im südlichen Teil der Nathan Road findet man vor allem große Einkaufszentren, Boutiquen, Hotels, die legendären Chungking Mansions (S. 100) und die indischen Schneider die den billigsten und besten Maßanzug in kürzestmöglicher Zeit versprechen. Im nördlichen Teil liegen kleine Geschäfte und Imbissrestaurants.

Im goldenen Käfig: Singvögel auf dem Markt von Mong Kok

(C 6) Kowloon Park

Ruhe ist relativ, das wird dem Besucher im Kowloon Park an der lauten Nathan Road schnell klar. Still ist es hier nicht, und für den europäischen Geschmack bietet der Park auch ziemlich wenig Grün und dafür weite Betonflächen. Trotzdem kann man sich hier gut vom Shoppingtrip erholen und dabei chinesische Familien beim Ausflug, Geschäftsmänner in der Mittagspause oder ältere Herren beim Plausch beobachten.
Nathan Road *6-24 Uhr*

(D 8) Science Museum

Modernes „Mitmachmuseum", in dem man viele Experimente selbst durchführen darf. Ideal für Reisende mit Kindern, besonders seit in den neunziger Jahren des 20. Jh. eine große Saurierhalle angefügt wurde.
2 Science Museum Road
Tel. 27 32 32 32
Mo-Mi, Fr 13-21, Sa, So
10-21 Uhr, Eintritt 25 HK$

WONG TAI SIN

(D 13) Wong Tai Sin Tempel

Der größte Tempel der Stadt wurde Anfang der 1970er Jahre auf den Resten eines älteren Tempels errichtet. Interessanter als die Architektur ist das Publikum: Da der Tempelgott für seine wahrsagerischen Fähigkeiten bekannt ist, kommen täglich Tausende von Menschen hierher, um sich ihr Schicksal oder die Gewinner beim Pferderennen vorhersagen zu lassen.
Lung Cheung Road
7-17.30 Uhr

YAU MA TEI

(C 4/5) Tin Hau Tempel

Mehr als 20 Tempel sind in Hongkong Tin Hau, der Schutzgöttin der Fischer, geweiht. Der 1870 in Yau Ma Tei erbaute gehört zu den interessantesten, nicht zuletzt wegen seines geschäftigen Vorplatzes, auf dem sich Männer zu Karten- und Brettspielen treffen. Nur wenige Schritte vom Temple Street Night Market entfernt.
Public Square, *8-18 Uhr*

(C 3/4) Reclamation Street

Die ideale Gegend, um einen Einblick in den chinesischen Alltag zu gewinnen. Interessant ist der große Lebensmittelmarkt, zart besaitete Besucher sollten die Fleischabteilung besser aussparen. Rund um das Marktareal liegen kleine chinesische Geschäfte, vor allem die Teeläden lohnen einen Besuch.
Reclamation Street

(C 3/4) Shanghai Street

Interessante, wenn auch leicht heruntergekommene Einkaufsstraße mit kleinen Familiengeschäften wie Hochzeitsausstattern und Läden, die Papierartikel für die Opfergaben im Tempel verkaufen.

Star Ferry

Der schönste Weg übers Wasser

Seit 1898 verbindet die Star Ferry die Stadtteile Tsim Sha Tsui und Central miteinander. Die betagten, aber robusten grünweißen Schiffe gehören längst zu den größten Sehenswürdigkeiten der Stadt, und die siebenminütige Überfahrt ist die wahrscheinlich billigste und zudem eine der schönsten Hafenrundfahrten der Welt. Für weniger als umgerechnet 20 Cent im Unter- und kaum mehr auf dem Oberdeck bringen die Boote den Passagier über das Becken des Victoria Harbour. Der Blick von Bord auf die Skyline ist faszinierend, und deswegen sollten auch Besucher, die auf einem Stop-Over nur wenige Stunden in Hongkong verbringen, die Star Ferry unbedingt als Programmpunkt einplanen. Alle, die mehr Zeit haben, werden die Fähre ohnehin zu ihrem Lieblingsverkehrsmittel machen.
(C 7) Star Ferry Pier
Fahrzeiten 6.30-23.30 Uhr

CHEUNG CHAU

Vom Piratennest zum Ausflugsparadies

Ein Rundgang auf der kleinen „Langen Insel"

Im 18. Jahrhundert hätte es hier für Besucher richtig gefährlich werden können, damals war **Cheung Chau** Unterschlupf für rund 15 000 Piraten, die im Südchinesischen Meer Handelsschiffe kaperten. Heute leben 40 000 Menschen auf der äußerst friedlichen Insel, Schiffe spielen aber auch für sie eine wichtige Rolle, denn die meisten von ihnen pendeln täglich mit der Fähre nach Hongkong zur Arbeit. Cheung Chau, auf Kantonesisch „Lange Insel", ist aber auch bei Ausflüglern aus der Stadt sehr beliebt, die sich beim Anblick der kleinen Läden, engen Gassen und der winzigen Feuerwehr- und Ambulanzwagen (die einzigen Autos auf Cheung Chau) fühlen, als seien sie in eine andere Welt versetzt. Am Wochenende sind die kleinen Fischrestaurants an der Uferpromenade bis zum letzten Platz besetzt, und die Beschaulichkeit, die man alltags hier finden kann, ist dahin. Am besten ist die Insel zu Fuß zu entdecken: Vom Fähranleger wendet man sich zunächst nach links Richtung Norden und geht die **Praya Street** entlang. Hier liegt ein Restaurant am anderen, von denen die meisten fangfrischen Fisch servieren. Nach einigen hundert Metern biegt man rechts in die **Pak She Fourth Lane** ein und steht bald vor dem **Pak Tai Tempel** aus dem Jahre 1783. Er wurde zu Ehren des gleichnamigen Meeresgottes errichtet, der die Insel vor einer Seuche gerettet haben soll. In der Parallelstraße zur Praya Street geht man zurück, bis man die **Kwok Man Road** erreicht. Hier biegt man links ab und steht bald schon am größten Strand der Insel. Werktags lässt es sich hier gemütlich sonnenbaden, am Wochenende findet man in der Hochsaison nur schwer einen Platz für sein Handtuch. Am Ende des Strandes liegt das **Warwick Hotel,** und auf den Felsen davor befinden sich 3000 Jahre alte Steinritzungen aus der Bronzezeit – für Historiker interessant, für Laien meist nicht auffindbar. Der nahe Strand ist bei Windsurfern beliebt, auch die Hongkonger Surf-Olympiasiegerin von 1996, Lee Lai Shan, hat hier ihre ersten Erfahrungen auf dem Brett gemacht. Die **Kwun Yam Road** führt nun bergan zum 1973 erbauten farbenprächtigen **Kwan Kung Pavilion,** der einer taoistischen Kriegsgottheit geweiht ist. Egal, welche Straße Sie von hier bergab nehmen, nach wenigen Minuten sind Sie wieder am Hafen.

Guter Fang sichert das Einkommen: Fischer am Hafen von Cheung Chau

Anreise: Fähren starten alle 30 bis 60 Minuten vom Outlying District Pier in Central, Fahrtdauer ca. eine Stunde.

HONGKONGS INSELN

Lantau, Lamma und Cheung Chau sind neben Hongkong Island die belebtesten und bekanntesten Inseln Hongkongs, aber längst nicht die einzigen. Über 230 so genannte „Outlying Islands" gehören zur Sonderverwaltungszone, viele von ihnen unbewohnt oder nur spärlich besiedelt. Mehrmals täglich pendeln Fähren zu allen bewohnten Inseln, nach wenigen Minuten Überfahrt ist man fern der Großstadt – vorausgesetzt, man meidet das Wochenende, denn dann ist halb Hongkong hier unterwegs.
Bis auf Lantau sind alle Inseln autofrei, Infos zu Wanderungen auf den Inseln gibt die Broschüre „Hong Kong Walks" (auf Englisch, kostenlos beim Hongkong Tourism Board).

LANTAU

Mit einer Fläche von 142 km^2 ist Lantau rund doppelt so groß wie Hongkong Island und damit die größte Insel vor der Küste. Trotz des hypermodernen Flughafens und einiger anderer neuer Bauten ist Lantau immer noch eine ruhige, grüne Insel mit einer sehenswerten Bergwelt. Regelmäßige Schiffsverbindungen von Central nach Mui Wo, von dort geht es weiter mit dem Bus bis Tai O.

(A 14) Lantau Peak

Vom Po Lin Kloster führt ein Wanderweg auf den 934 Meter hohen Lantau Peak. Der Weg beginnt direkt vor dem Klostereingang, nach einer rund zweistündigen Wanderung erreicht man den Gipfel und hat einen weiten Blick auf die grüne Bergwelt Lantaus.

(A 14) Po-Lin-Kloster

Die 26 Meter hohe, über 200 Tonnen schweren Bronzestatue des Tian Tan Buddha thront seit 1993 als Wahrzeichen des Po-Lin-Klosters auf dem benachbarten Hügel. 268 Stufen führen hinauf zu einer Terrasse, auf der weitere Figuren stehen. Die Klosteranlage besteht aus der reich verzierten Haupthalle und mehreren Nebengebäuden. *tgl. 10-18 Uhr*

Strände

Auf Lantau gibt es einige durchaus empfehlenswerte Strände.

Wahrzeichen der Insel Lantau: der 26

Legt man mit der Fähre in Mui Wo an, erreicht man nach einem kurzen Fußweg den Strand im Nordosten des Ortes. Ein weiterer, langer Sandstrand direkt an der Straße befindet sich bei **Cheung Sha**. Die schönsten Strände, **Fan Lau Sai** und **Fan Lau Tung**, liegen an der Südwestspitze der Insel und sind nur zu Fuß auf dem Wanderweg des Lantau Trail zu erreichen.

(A 14) Tai O

Das Dorf Tai O im Südwesten Lantaus liegt auf einer kleinen, vorgelagerten Insel, die mit dem Bus von Mui Wo, am Wochenende aber auch mit dem Schnellboot von Central aus zu erreichen ist. Über eine kleine Fußgängerbrücke betritt man das Dorf und schlendert durch enge Gassen, in denen fast jedes Geschäft getrockneten Fisch verkauft.

(C 13) Tsing Ma Brücke

Die 1997 eröffnete Tsing-Ma-Brücke zwischen Lantau und Tsing wird im „Buch der Rekorde" als längste Hängebrücke der Welt, auf der sowohl Eisenbahnen als auch Autos verkehren, geführt. Die offene Spannweite der insgesamt 2200 Meter langen Brücke beträgt 1377 Meter, immerhin 100 Meter mehr als bei der Golden Gate Bridge in San Francisco.

LAMMA

Die drittgrößte Insel Hongkongs ist besonders bei in Hongkong

Meter hohe bronzene Tian-Tan-Buddha

lebenden Europäern und Amerikanern als Wohnort beliebt und wirkt deshalb entsprechend westlich. Wenn das Boot in den Hafen des Ortes Yung Shue Wan einläuft, wähnt man sich eher in Italien oder Südfrankreich als in Asien. Bekannt ist der Ort vor allem wegen seiner Fischrestaurants am Hafen. Auf die europäischen Kunden zielen Läden mit Reformkost, Wein und Käse.

Rundgang

In etwa einer Stunde kann man auf einem als „family path" gut ausgeschilderten Spazierweg den zweiten Ort der Insel, **Sok Kwu Wan**, erreichen. Auf dem Weg passiert man zwei beliebte Strände: Gleich hinter dem Ortsausgang von Yung Shue Wan liegt **Hung Shing Yeh Beach** und etwas dahinter **Lo So Shing Beach.** Beide sind in der Badesaison – die in Hongkong offiziell am 1. April beginnt und Ende November endet – bewacht und bieten auch Duschen und Umkleidekabinen. An einigen Stellen hat man eine schöne Aussicht über die Insel.

NEW TERRITORIES

Ohne sein Hinterland wäre Hongkong nicht lebensfähig. Landwirtschaftliche Produkte und Trinkwasser kommen aus den New Territories, sie bieten aber auch der aus den Nähten platzenden Stadt halbwegs erschwinglichen Wohnraum. Mehrere moderne Trabantenstädte sind hier entstanden, mittlerweile leben rund drei Millionen Menschen in den New Territories. Dennoch dominiert die Natur, und der Kontrast zur Stadt ist frappierend. Will man einen Eindruck vom Garten Hongkongs bekommen, sollte man mindestens einen Tag für den östlichen Teil und einen weiteren für den Westteil einplanen.

ÖSTLICHE NEW TERRITORIES

(D 12) Heritage Museum

Hongkongs modernstes Museum liegt am Stadtrand von Sha Tin und präsentiert Geschichte, Kultur und Kunst der Stadt und der New Territories in sehr gut konzipierten Ausstellungen.
1 Man Lam Road, Sha Tin
Tel. 21 80 81 88
www.heritagemuseum.gov.hk
Di-Sa 10-18, Fr 10-21 Uhr
Eintritt: 10 HK$

(D 13) Sai Kung

Sai Kung hat eine hübsche Altstadt, an der Uferpromenade liegen zahlreiche ausgezeichnete Fischrestaurants. Am Pier kann man kleine Boote mieten, und zu Ausflugsfahrten durch die vorgelagerte Inselwelt aufbrechen. In Pak Tam Chung, einige Kilometer östlich der Stadt, befindet sich das Besucherzentrum des Sai Kung Country-Parks (tgl. 9.30-16.30 Uhr). Hier beginnt der Mac-Lehose-Trail, der 100 km quer durch die New Territories führt.

(D 12/13) Tempel der 10 000 Buddhas

Über 400 Stufen und vorbei an 500 lebensgroßen Statuen von Buddhas Jüngern führt der Weg zum Tempel. In seinem Inneren ist eine große Buddhafigur zu sehen, 13 000 kleinere stehen in den in die Wände eingelassenen Nischen. Längst ist die Sammlung über die namensgebenden 10 000 hinausgewachsen. Vom Tempelplatz mit der neunstöckigen Pagode hat man einen guten Blick auf die Skyline von Sha Tin.
221 Pai Tau, Sha Tin, Tel. 26 91 10 67
www.10kbuddhas.org *tgl. 9-18 Uhr*

WESTLICHE NEW TERRITORIES

(B 12) Ching Chung Koon Temple

Taoistischer Tempel mit aufwändig gestalteten Pagoden, Pavillons und Chinesischen Gärten. Berühmt ist er für seine über 1000 Bonsais und seine wertvolle Büchersammlung.
Tsing Lun Road, Tuen Mun (in der Nähe des Busbahnhofes), Tel. 24 61 10 19
tgl. 8.30-17 Uhr

(C 13) Sam Tung Uk

Das Freilichtmuseum zeigt ein befestiges Hakka-Dorf aus dem 18. Jh und gibt einen guten Einblick in das Leben der damaligen Landbevölkerung.
2 Kwu Uk Lane, Tsuen Wan
(nahe der MTR-Endhaltestelle)
Tel. 24 11 20 09
Mo, Mi-So 9-17 Uhr, Eintritt frei

Weitere Tipps zu Touren in die New Territories und auf die Inseln auf S. 80

MERIAN | TIPP

Abenteuer hoch oben

Mit 338 Metern ist der 2001 fertig gestellte Macau Tower der zehnthöchste Turm der Welt. Vom Drehrestaurant und der Aussichtsplattform, die teilweise einen gläsernen Boden besitzt, bietet sich ein beeindruckender Rundumblick über Macao und das benachbarte China. Bei klarer Sicht ist sogar Hongkong zu erkennen.
Doch der Macau Tower bietet Besuchern noch einen ganz besonderen Nervenkitzel: 223 Meter über der Erde führt an der Außenseite ein nur 1,40 m breiter „Skywalk" um den Turm, den man ohne jedes Geländer umrundet. Zwar sind wagemutige Besucher mit einem Seil gesichert, trotzdem kostet es große Überwindung, den Schritt ins Freie zu wagen. Wer dabei noch nicht genug Adrenalin ausgeschüttet hat, kann die 100 Meter von der Aussichtsplattform bis zur Spitze des Sendemastes hinaufklettern – ein weltweit einmaliges Abenteuer, hinter dem der neuseeländische Fun-Sport-Unternehmer A. J. Hackett steht, der auch als Erfinder des Bungee-Spungs gilt.

(a 4) Largo da Torre de Macau
Tel. 93 33 39
Skywalk: Tel. 988 88 58
www.macautower.com.mo
tgl. 10-19 Uhr, Eintritt: Aussichtsplattform 700 MOP, Skywalk 100-120 MOP, Mast Climb 777-1000 MOP

Schon von innen schwindelerregend: die Aussichtsplattfom des Macau Tower

Bunte Löwen am Largo do Senado: Mit großen Umzügen feiert Macao das chinesische Neujahrsfest

(a 4) A-Ma Tempel

Schönster und ältester Tempel der Stadt. Auf vier Ebenen schmiegen sich die verschiedenen Gebetspavillons an den Hügel, der vom Ufer des inneren Hafens ansteigt. Die einzelnen Gebäude sind durch gewundene Pfade und Mondtore miteinander verbunden. Der taoistische Haupttempel stammt aus dem 16. Jh. und ist der Meeresgöttin A-Ma geweiht.
Largo da Pagoda da Barra / Rua de São Tiago da Barra
6-18 Uhr

(b/c 3) Colina da Guia

Der knapp 100 Meter hohe Hügel ist der höchste Punkt Macaos und wird von einem Fort aus dem 17. Jh. gekrönt, das seinerzeit zum Schutz gegen die Holländer erbaut wurde, die die Stadt mehrfach bedrohten. Rund um den Guia-Hügel verlaufen Wanderwege. Eine Seilbahn, deren Talstation sich in der Nähe des Eingangs zum Flora Garten an der Avenida Sidónio de Pais befindet, erleichtert den Aufstieg.

(b 4) Coloane

Die Insel Coloane ist durch einen Damm mit Taipa verbunden. Im nördlichen Teil wird viel gebaut, doch der Süden ist nahezu unberührt und hat mehrere sehr schöne Strände zu bieten. Charmant verschlafen präsentiert sich im Südwesten der Insel das Dorf Coloane, das nur einen Steinwurf von der VR China entfernt ist. Der Platz vor der kleinen Kapelle Santo Franciso Xavier mit einigen gemütlichen Fischrestaurants besitzt viel mediterranes Flair. Für einen Badetag bieten sich die sandige Bucht von Hac Sa und der kleine Strand von Cheoc Van an.

(b 3) Grand Prix Museum

Beim alljährlichen Formel-3-Grand-Prix im November steht ganz Macao Kopf. Zehntausende Menschen säumen die Rennstrecke, um ihre Favoriten anzufeuern. Fans, die nicht dabei sein können, sollten zumindest das interessante Museum besuchen, in dem unter anderem die von Ayrton Senna und Michael Schuhmacher gefahrenen Autos ausgestellt sind.
(b 3) 431 Rua Luís Gonzaga Gomes, Tel. 798 41 08
Di-So 10-18 Uhr

(a/b 3) Igreja de São Domingo

Die Kirche wurde im 17. Jh. von Dominikanermönchen im Barockstil errichtet und ist wegen ihres Altars und des Museums im Glockenturm sehenswert, in dem wertvolle Kirchenschätze ausgestellt werden. Termiten hatten dem Bau schwer zugesetzt, aber seit der Komplettsanierung ist die gelbe mit Stuck verzierte Fassade wieder ein Schmuckstück.

(a 2) Jardim e Gruta Luís de Camões

Schöne Parkanlage mit Schatten spendenden Banyanbäumen und Pavillons in üppigen Bambushainen. Der Park ist dem portugiesischen Dichter Luís Vaz de Camões gewidmet, der 1557 auf Macao gelebt haben soll. An ihn erinnert eine Büste in einer künstlichen Grotte. Morgens ist der Park ein beliebter Ort für Tai-Chi-Übungen, viele Männer gehen hier mit ihren Vogelkäfigen spazieren.
Praça Luís de Camões
6-21 Uhr

(b 2) Jardim Lou Lim Ieok

Chinesischer Landschaftsgarten mit künstlichem Wasserfall, Forellenteich, Pavillons, Bambuswäldern und Mondtoren. Angelegt wurde der Park mit einem schönen Landsitz im viktorianischen Stil von Lou Kau und seinem Sohn Ende des 19. Jhs. Als die Familie das Anwesen 1974 aufgeben musste, machte es die Stadt öffentlich zugänglich. Einheimische treffen sich im Park zum Tai-Chi, auch private Aufführungen von chinesischen Opern sind oft zu beobachten.
Estrada de Adolfo Loureiro
6-21 Uhr

>> Die Planquadrate mit kleinen Lettern (a 4) beziehen sich auf die Macao-Karte im Faltplan

(c 4) Kun Iam Statue

Die schlanke Bronzestatue steht auf einer Plattform im äußeren Hafen. Am Ufer verläuft die Avenida Dr. Sun Yat Sen, die wegen der Nähe zu Bars und Restaurants beliebter Treffpunkt der Einheimischen ist.
Avenida Dr. Sun Yat Sen

(b 2) Kun Iam Tong

Der größte Tempel Macaos besteht aus mehreren kleinen Gebäuden und Gebetsräumen. In der Eingangshalle befinden sich drei Buddhafiguren, die Vergangenheit, Gegenwart und Zukunft symbolisieren. Eine der vielen goldenen Statuen soll Marco Polo darstellen. Im Tempelgarten ist ein alter Bonsai zu sehen, dessen Stamm in Form des chinesischen Schriftzeichens für „langes Leben“ gewachsen ist. Beim „Baum der Liebenden“, der aus zwei verschlungenen Banyanbäumen besteht, bitten Verliebte um eine glückliche Zukunft.
Avenida do Coronel Mesquita
7-18 Uhr

(a/b 3) Largo do Senado

Der Senatsplatz ist mit dem typisch portugiesischen Calçada-Muster aus wellenförmigen, schwarz-weißen Mosaikstreifen gepflastert. Mit dem Ensemble pastellfarbener Kolonialbauten ist der Largo do Senado eine der größten Sehenswürdigkeiten Macaos. Hier liegt auch das Stadtratsgebäude, das eine alte Bibliothek und eine Zeremonienhalle beherbergt. Gegenüber befindet sich das „heilige Haus der Gnade“ aus dem 16. Jh., die älteste karitative Einrichtung Macaos.

(c 3) Macau Cultural Centre und Macau Museum

Modernes Kulturzentrum mit mehreren Auditorien für Konzerte und Theateraufführungen. Im Nachbargebäude ist das hervorragende Kunstmuseum mit einer Sammlung chinesischer Gemälde, Kalligraphien und Keramiken untergebracht, die viele Hongkonger Museen mühelos übertrifft. Spannende Sonderausstellungen.
Avenida Xian Xing Hai, S/N Nape
Tel. 791 98 14
www.artmuseum.gov.mo
Di-So 10-19 Uhr
Eintritt Museum 15 MOP

(b 3) Museu de Macau

Die Zitadelle und die Fortaleza do Monte wurden erbaut, um die Stadt besser gegen feindliche Angriffe zu verteidigen. Bis 1649 residierte hier der Gouverneur von Macau. Heute beherbergt der Bau das Macao Museum, das die Entstehung der Stadt und ihre Entwicklung anschaulich und spannend zeigt. Wegen vieler interaktiver Elemente auch für Kinder zu empfehlen.
Monte Fort, Tel. 35 79 11
Di-So 10-18 Uhr, Eintritt 15 MOP

(a 4) Museu Maritimo de Macau

Das moderne Gebäude zeigt viele Schiffsmodelle und bietet gut präsentierte Hintergrundinformationen zur Seefahrtsgeschichte, zum Handel und den großen Entdeckungsreisen. Mehrmals täglich halbstündige Fahrten mit den historischen Schiffen des Museums. Cafeteria mit schöner Aussicht.
1 Largo da Pagoda da Barra
Tel. 59 54 81
www.museumaritimo.gov.mo
tgl. außer Di 10-17.30 Uhr
Eintritt: 8 MOP

(a 3) Ruinas de São Paulo

Aus der Altstadt gelangt man über die Rua da Palha zu einem Platz und der flach ansteigenden Freitreppe, die zur Ruine der Kathedrale führt. Anfang des 17. Jh. wurde die Kirche nach den Entwürfen eines italienischen Jesuiten erbaut, fiel allerdings schon 1835 einem verheerenden Brand zum Opfer. Nur die fünfstöckige steinerne Fassade mit aufwändigen Steinmetzarbeiten, die die Geschichte der Christianisierung Asiens zeigen, blieb vom Feuer verschont.

(b 4) Taipa

Die vorgelagerte Insel ist durch zwei Brücken mit dem Zentrum verbunden und dient heute als modernes Wohnviertel, Universitätsgelände, Industriegebiet und Standort des neuen internationalen Flughafens, der sich auf einer künstlichen Insel befindet. Sehenswert ist der alte Kern des ehemaligen Fischerdorfes. Besonders schön: die Avenida da Praia mit ihren fünf pastellgrünen Kolonialvillen, in denen einige kleine Museen zur lokalen Geschichte untergebracht sind.

(b 1) Ausflug nach China

Ein Tagesvisum bekommt man problemlos am neu erbauten Grenzübergang, der nur zu Fuß passiert werden darf. Jenseits der Grenze befindet sich die Sonderwirtschaftszone Zhuhai, die mit einer Fülle von billigen Konsumgütern Macanesen und Touristen anlockt. In der Nähe der Grenze befindet sich die Portas do Cerco, ein imposantes Grenztor, das seit 1870 die Grenze zu China markiert.

ERKUNDUNGEN

Hongkong zum Nulltarif

Kung Fu, Tai Chi und Teekunde: chinesische Künste kostenlos erfahren

Die Stadt gehört zu den teuersten der Welt und hat dennoch ihre großzügigen Seiten. Unter dem Motto „Meet the people – Cultural Caleidoscope" bietet das Hongkong Tourism Board (HKTB) verschiedene Aktivitäten vom Architekturspaziergang bis zur Dschunkenfahrt an. Alle Angebote sind kostenlos und werden von Englisch sprechenden Experten betreut. Voranmeldung unter Tel. 25 08 12 34 erbeten.

(A 8) **Architecture Tour** Treffpunkt: The Center 99 Queen's Road, Central *Sa 10.15-13.15 Uhr*
Ein Architekt führt durch das Geschäftsviertel Central und erklärt die wichtigsten Skyscraper und ihre Geschichte.

(D 12) **Cantonese Opera** Treffpunkt: Hongkong Heritage Museum, 1 Man Lam Rd, Sha Tin, New Territories, *Sa 14.30-15.45 Uhr* Einführung in der Kunst der kantonesischen Oper inklusive Live-Kostprobe.

Schrille Farben, hohe Töne: Opernstar vor dem Auftritt

(D 12) **Chinese Tea** Treffpunkt: Hongkong Heritage Museum, 1 Man Lam Rd., Sha Tin, New Territories, *Mo 14.30-15.30 Uhr*
Im Viertelstundentakt erklärt ein Experte Regeln und Ablauf einer chinesischen Teezeremonie.

Duk Ling-Tour Treffpunkt: Kowloon Pier (C 7), Tsim Sha Tsui, *Do 14 u.16 Uhr,* oder Queen's Pier (B 8), Central, Hongkong Island, *Do 15 u.17 Uhr* Das HKTB unterhält die letzte seetüchtige Dschunke Hongkongs, die regelmäßig vor der Skyline von Hongkong Island kreuzt.

(C 6) **Kung Fu** Treffpunkt: Sculpture Walk, Kowloon Park, 22 Austin Rd, Tsim Sha Tsui, Tel. 27 24 33 44
So 14.30-16.30 Uhr Staunen und treten: Im Kowloon Park können Touristen ihr eigenes Kung Fu-Talent testen und Profis bei ihren Kunststücken zusehen.

(C 7) **Tai Chi** Treffpunkt: vor dem Hongkong Cultural Centre Tsim Sha Tsui *Mo, Mi, Do, Fr, 8-9 Uhr*
Praktische Einführung in die Kunst des Schattenboxens.

Nichts für schwache Nerven: die Achterbahn im Ocean Park

FREIZEITPARK

(C 14) **Ocean Park**
Für einen Besuch von Hongkongs größtem Vergnügungspark sollte man einen ganzen Tag einplanen und möglichst nicht am Wochenende kommen. Im Ocean Theatre finden zweimal täglich Vorführungen mit Seelöwen, Orcas und Delfinen statt. Im Zoo sind Pandabären und im großen Ozeanarium und dem Tiefseeaquarium Pinguine, Rochen und Haie zu sehen. Eine lange Rolltreppe führt ins „Middle Kingdom", in dem ein chinesisches Dorf und ein Tempel nachgebaut wurden. Für Nervenkitzel sorgen Achterbahn und „Turbodrop", ein 20 Stockwerke hoher Mast, an dem Passagiere in einer Kabine hochgezogen werden, um dann im freien Fall nach unten zu schießen.
Ocean Park Road Aberdeen (Bus Nr. 629 vom Star Ferry Pier), Tel. 25 52 02 91
www.oceanpark.com.hk
tgl. 10-18 Uhr, Eintritt: Erw. ca. 19 € Kinder (3-11 J.) ca. 10 €

GOLF

Folgende Anlagen bieten Nichtmitgliedern gegen eine Green-Fee-Gebühr Spielmöglichkeiten: (D 13) Clearwater Bay & Country Club (nur werktags, Tel. 23 35 38 85) in Sai Kung (B 13/14) Discovery Bay Golf Club (nur werktags, Tel. 29 87 72 73) auf Lantau Hongkong Golf Club (Tel. 26 70 12 11), Plätze in der Deep Water Bay (D 14) und Fan Ling (C 11) in den New Territories

MASSAGEN

(C 6) **Kyoko Health & Beauty**
Diese Praxis hat sich auf medizinische Massagen nach thailändischer Art spezialisiert. Herrlich entspannend ist die 30-minütige Rückenbehandlung, dagegen kann die Fußreflexzonenmassage zeitweise durchaus schmerzen. Wer etwas Besonderes ausprobieren möchte, sollte nach einer „Massage mit den Füßen" fragen. Die behandelnde Dame hält sich dabei an Griffen an der Decke fest und läuft auf dem Rücken des Patienten entlang.
15 Ashley Rd, Tsim Sha Tsui
Tel. 23 16 22 80 *30 Min. Fuß- u. Rückenmassage ca. 360 HK$*

(E 9) **International Reflexology Clinic Fr. Josef Eugster**
Der Schweizer Josef Eugster ist Mitbegründer der Reflexzonenmassage und brachte die Technik aus Taiwan nach Hongkong mit. Bei den Einheimischen ist er eine Institution.
492 Lockhart Road,
Unit 201, 2/F, Shun Hei
Causeway Bay Centre
Tel. 28 93 38 61

(C/D 6) **Kwong Tai Foot Reflexology Clinic**
Der Leiter Ng Chi Shing bürgt für Qualität und Seriosität. Seine Praxis ist ebenfalls spezialisiert auf Fußreflexzonenmassagen.
18-20 Cameron Road, Mangan Building, Room B, 5/F, Tsim Sha Tsui
Tel. 27 70 12 28
45 Min. Massage 140-160 HK$

SPORTANLAGEN

Wer Lust auf sportliche Aktivitäten in Hongkong hat, findet auf der Webseite **www.athomeinhongkong.com** unter „Sports & Leisure" eine Vielzahl von Adressen und Telefonnummern zu Sportarten wie **Badminton, Bowling, Go-Kart, Klettern, Reiten, Segeln, Squash, Tauchen und Wasserski.**

SURFEN

Surfen zählt noch nicht zu den weit verbreiteten Sportarten in Hongkong, deshalb gibt es auch nur vereinzelt Möglichkeiten, Surfbretter auszuleihen.

Hoher Einsatz: Jockey vor dem Rennen

Auf Cheung Chau am **(B 14)** Tung Wan Strand, auf **(B 14)** Lantau am Silvermine Beach und **(D 13)** Sha Ha Strand bei Sai Kung sollte es in der Hauptsaison aber möglich sein.

WANDERN

(C 14) **Victoria Peak**
Rund um den Victoria Peak gibt es einige relativ kurze, aber äußerst lohnende Wanderungen. Alle beginnen am Peak Tower, der Bergstation der Peak Tram. Mindestens eine halbe Stunde benötigt man für den steilen, Schweiß treibenden **Aufstieg über die Mt. Austin Road** bis zum 552 m hoch gelegenen Gipfel. Für die Anstrengung wird man mit einer grandiosen Aussicht belohnt und kann sich im tropischen Victoria Peak Garden entspannen. Gemütlich ist dagegen die rund einstündige **Wanderung um den Peak auf der Lugard- und Harlech Road.** Anfangs schaut man von oben auf die Hochhäuser der Stadt, dann ändert sich die Perspektive und die Inseln Lantau und Lamma kommen ins Blickfeld. Wer will, kann vom Peak Tower über den **Bowden Trail** in die Stadt absteigen und dabei dem **Lover's Rock** einen Besuch abstatten, dem traditionell besonders Frauen ihre Wünsche in Liebesangelegenheiten anvertrauen.
>>Tipps zu Wanderungen in den New Territories s. S. 70

PFERDERENNEN

Schon seit 1846 finden in Happy Valley Pferderennen statt, seit 1978 gibt es in Sha Tin in den New Territories eine zweite Rennbahn. Beide Anlagen werden vom exklusiven Hongkong Jockey Club betrieben, in dem sich regelmäßig die Reichen und Einflussreichen der Stadt treffen. Der Club tut mit seinen Millionengewinnen allerdings auch Gutes und unterstützt viele soziale Einrichtungen. Rennsaison ist von September bis Juni, mittwochs finden die Rennen in Happy Valley und am Wochenende in Sha Tin statt. Obwohl die hochmoderne Anlage in Happy Valley Platz für 55 000 Besucher und die in Sha Tin sogar für 80 000 Zuschauer bietet, sind die Renntage oft ausverkauft, denn neben Lotterie und Fußballwetten sind Pferderennen das einzig legale Glücksspiel in Hongkong. Auch Touristen können als Gäste in den Logen des Hongkong Jockey Clubs an den Rennen teilnehmen und mitwetten. Historisches rund um Pferderennen zeigt das **Hongkong Racing Museum** nahe der Rennbahn *(Di-So 10-17 Uhr)*.
(D/E 10) Happy Valley Racecourse zwischen Wan Chai und Causeway Bay
Eintritt: 10 HK$, **Informationen über den Rennplan unter www.hkjc.com**

MEDIZIN

Geckos für die Lunge

Abenteuer Apotheke: die unorthodoxen Mittel der traditionellen chinesischen Medizin

Schon mal versucht, getrocknete Geckos – je ein männliches und ein weibliches Tier – in einer Kohlsuppe zu kochen und den Sud zu trinken? Nein? Kann aber helfen, wenn Sie Probleme mit der Lunge oder den Nieren haben. Die **traditionelle chinesische Medizin (TCM)** hält noch eine ganze Reihe weiterer kurioser Rezepte bereit. Bei Akne hilft ein Pulver aus zerriebenem Seepferdchen, nächtliches Schwitzen und Hitzewallungen in den Wechseljahren bekommt man mit pulverisiertem Schildkrötenpanzer in den Griff, der unter die Suppe gemischt wird. Damhirschgeweih soll vor Impotenz schützen – aber auch gegen Blähungen helfen. All das klingt obskur, und doch kann die traditionelle chinesische Medizin mit einer Weisheit aufwarten, die sie inzwischen auch in Europa immer populärer werden lässt. Ihre ganzheitliche Philosophie, nach der nicht ein einzelnes Symptom behandelt wird, sondern der ganze Körper, macht die TCM bei uns so attraktiv. Professor Kwok Pui Fung, der an der Universität Hongkong den Lehrstuhl für traditionelle chinesische Medizin besetzt, räumt ein, dass auch in China die Behandlung akuter Krankheiten fast ausschließlich eine Domäne der westlichen Medizin ist. Vorbeugende Maßnahmen oder die Behandlung chronischer Krankheiten sind aber, so Professor Fung, bei der chinesischen Medizin besser aufgehoben. Entsprechend gibt es allein in Hongkong 7000 registrierte Heilkundige – sicherlich nochmals die gleiche Zahl praktiziert ohne offizielle Zulassung. Wie wichtig die TCM heute noch ist, bemerkt man schon bei einem Spaziergang durch Hongkong. Ganze Straßenzüge sind voll von Läden, die Arzneien der TCM verkaufen. Ein Erlebnis ist ein Besuch in einer der alten Apotheken, denn dort wird der Patient – oft im Hinterzimmer – eingehend beraten und falls nötig sogar untersucht. Eine standardisierte Behandlung kennt die chinesische Medizin nicht. Wenn Ihrem Nachbarn bei Blähungen Damhirschhorn hilft, heißt das noch lange nicht, dass das auch bei Ihnen so sein muss – vielleicht brauchen Sie ja zerriebenen Skorpion.

Jedem seine eigene Arznei: Die TCM basiert auf persönlicher Beratung

(A 8) **Good Springs Company Chinese Herbal Pharmacy**
8 Cochrane Street, Central, Tel. 25 44 35 18
Mo-Sa 8.30-20 Uhr
(C/D 6) **Tung Fong Hung Medicine**
Apothekenkette mit mehreren Filialen, z.B.
18 Cameron Road, Tsim Sha Tsui, Tel. 23 11 48 09
www.tfh.com.hk *10-21 Uhr*

Die meisten Geschäfte sind sieben Tage die Woche geöffnet, die Öffnungszeiten variieren aber in den einzelnen Stadtteilen. In **Central** und dem **Western District** sind die Läden von 10-18 Uhr offen, in **Wan Chai** und **Causeway Bay** von 10-21.30 Uhr. In **Tsim Sha Tsui**schließen die Geschäfte um 19.30 Uhr, manche auch erst zwei Stunden später.

(C 7) **Chinese Arts and Crafts**
Erlesene Kunstwerke aus verschiedenfarbiger Jade, Elfenbein und Mammutstoßzähnen, aber auch einige Stücke feinen, chinesischen Porzellans sind in den gläsernen Vitrinen zu finden. Die Qualität ist erstklassig, die Preise entsprechend hoch.
Star House, 3 Salisbury Rd. Kowloon, Tel. 27 36 40 61

(A 8) **Dragon Culture**
Der Antiquitätenkauf verlangt Fingerspitzengefühl, auch rund um die Hollywood Rd. (s. S. 42). Victor Choi, Chef des Dragon Culture, ist einer der seriösesten Händler. Zerbrechliche Kostbarkeiten stehen bei ihm auf offenen Regalen. Im Keller hat Choi seine Schatzkammer, in der Terrakottapferde und -figuren aus verschiedenen Dynastien stehen, auf die manches Museum stolz wäre.
184 & 231 Hollywood Rd.
Tel. 25 45 80 98
www.dragonculture.com.hk

Fortress
Ein Preis-Leistungsparadies für Fotozubehör ist Hongkong zwar nicht mehr, wer aber nach Neuheiten sucht, wird garantiert fündig. Gut und zuverlässig wird man bei Fortress bedient. Die Kette unterhält mehr als 60 Filialen in Hongkong, allein in der Nathan Road (**C 2-6**) gibt es mehrere Geschäfte. Als Einkaufsstraße für Fotoartikel ist auch die Stanley Street (**A 8**) in Central bekannt, ein Fotoladen liegt hier neben dem anderen.
www. fortress.com.hk

(C 6) **Harbour City**
Shoppingkomplex auf mehreren Etagen, der Luxuslabels aus aller Welt bietet. Schnäppchen sind selten, dafür kommen Taschen, Schuhe, Schmuck, Kleidung aus topaktuellen Kollektionen.

Auch zum Schlendern und Schauen zu empfehlen.
Canton Road (mehrere Eingänge), Kowloon
Tel. 21 18 86 66
www.harbourcity.com.hk

(B 8) **The Landmark**
Noble Mall, in der von Armani bis Versace alle Topmarken vertreten sind. Im ersten Stock liegt das Café Landmark, in dem sich stilecht – sprich edel und teuer – nach dem Shopping entspannen lässt.
Pedder Str./Queens Road
Central

(E 9) **Milan Station**
Elegante Kleider und Accessoires second hand. Hier kaufen und verkaufen Hongkonger Damen die einmal getragene Valentino-Robe oder das Chanel-Täschchen der letzten Saison. Mittlerweile fünf Filialen in der Stadt.
(G/F) Percival House, 77-82
Percival Street, Causeway Bay
Tel. 25 04 01 28

Schoeni Art Gallery
Jeder, der sich für moderne chinesische Malerei interessiert, sollte in einer der beiden „Schoeni-Galerien" vorbeischauen. Der Besitzer kommt aus der Schweiz und ist Experte für fernöstliche Kunst.
(A 8/9) 21-31 Old Bailey Street
Central, Tel. 28 69 88 02
Fax 25 22 15 28
(A 8) 27 Hollywood Road
Central, Tel. 25 42 31 43
www.schoeni.com.hk
Mo-Sa 10.30-18.30 Uhr

Shanghai Tang
Dass „Made in China" meistens nach Billigware klingt, war dem Unternehmer David Tang im-

Die Galerie Schoeni zeigt junge Kunst aus dem Reich der Mitte

mer schon ein Dorn im Auge. Deswegen verkauft sein Geschäft exquisite Designermode und schicke Accessoires, die von chinesischen Mustern und Schnitten inspiriert ist. So stilvoll wie die Waren ist auch das Ambiente.
(B 8) 12 Pedder Street
Central, Tel. 25 25 73 33
Fax 25 30 18 88
(C 7) The Peninsula Hotel, Mezzanine Floor, Tsim Sha Tsui, Tel. 25 37 28 88
www.shanghaitang.com

(A 8/9) Tony Ngan Teeladen

Bei Tony Ngan werden die Aufgüsse vor dem Kauf vom Kunden gekostet und vom Chef persönlich zubereitet. Wie ein Zeremonienmeister sitzt Ngan in der Mitte seines Ladens und bietet seinen Kunden Tee in fingerhutgroßen Tassen zum Probieren an.
290 Queen's Road
Central, Tel. 25 44 13 75
Fax 25 44 97 46
Mo-Fr 9-19.30, Sa 9-13 Uhr

(D 6) Wing Wah Cake Shop

Neben traditionellen „Mondkuchen" mit verschiedenen Füllungen bekommt man hier auch typisch chinesische Würste, meistens recht fett, aber bei Einheimischen äußerst beliebt. Wer auf den Geschmack kommt, kann von zu Hause sogar übers Internet bestellen.

Feilschen unterm Sternenhimmel auf dem Nachtmarkt an der Temple Street

35 Chatham Road South
Union Mansion, Tsim Sha Tsui
Tel. 23 16 76 88
www.wingwah.com

(F 5) Wonderful Worlds of Whampoa

Im Stadtteil Hung Hom haben sich einige Shoppingcenter zu „Wonderful Worlds of Whampoa" zusammengeschlossen. Das Angebot ist riesig, die Architektur beeindruckend: eines der Zentren – „The Whampoa" – ist in Form eines Ozeanliners in Beton gegossen.
The Whampoa, Ecke Tak Hong Street/Tak On Street, Hung Hom Kowloon, www.whampoa world.com

Yue Hwa

Kaufhauskette, die fast nur Waren aus der VR China im Angebot hat. Eine Fundgrube für alle, die preisgünstig einkaufen wollen oder denen es nach chinesischem Kitsch steht. Teeservice und Jacken, traditionelle chinesische Kleider und Nippes – all das bekommen Sie allenfalls auf den Märkten günstiger. Filialen von Yue Hwa gibt es in Kowloon:
Peking Rd./Ashley Rd., Nathan Rd./Mody Rd., Nathan Rd. Höhe Kimberley Rd., Nathan Rd./Jordan Rd.
auf Hongkong Island:
Lyndhurst Terrace, *10-22 Uhr*

MÄRKTE

(C 4) Ladiesmarkt

Natürlich dürfen nicht nur hier Damen einkaufen, doch das Angebot (Textilien aller Art, meistens für Damen) zieht vor allem Frauen an. Herren sei die nahe Fa Yuen Street empfohlen, in der man Sportkleidung und -schuhe kaufen kann. Europäer mit großen Füßen werden jedoch nur schwer Passendes finden – ab Größe 43 ist meist Schluss.
Tung Choi Str. Mong Kok, *ca. 10-18 Uhr*

(C 5) Jademarkt

Für den kleinen überdachten Markt reicht ein Kurzbesuch. Wirkliche Schnäppchen findet man hier selten. Gerade als Laie sollte man beim Kauf teurer Stücke sehr vorsichtig sein.
Kansu St./Reclamation St.
ca. 10-17 Uhr

(C 5) Temple Street Markt

Auf Hongkongs bekanntestem Nachtmarkt findet man alles, von Mao-Devotionalien bis zum Reisestecker. Natürlich ist die Ware von höchster Qualität, wenn man den Verkäufern glaubt. Tun Sie das lieber nicht, denn Fälschungen mischen sich hier mit echten Schnäppchen. Handeln ist ein Muss. Vorsicht: Taschendiebe nutzen das Gedränge gern aus.
Temple Str., Yau Ma Tei, *ca. 18-23 Uhr*

RÜCKBLICK

Drogenhandel im Auftrag Ihrer Majestät

Rausch und Rache: der Krieg um Hongkong

Schuld an den **Opiumkriegen** war der Tee. Den nämlich importierten die Engländer im 19. Jahrhundert in solchen Mengen aus China, dass ihre Handelsbilanz mit dem Kaiserreich ständig negativ war. Da das Reich der Mitte nur Silber als Zahlungsmittel akzeptierte, wurde der Fünf-Uhr-Tee für die Briten zu einer teuren Angelegenheit. England begann deswegen, Opium aus seinen indischen Kolonien nach China zu verschiffen und dort zu verkaufen. Die Folge: Schon bald war ein großer Teil der chinesischen Bevölkerung süchtig – 1835 zählte man bereits zwei Millionen Drogenabhängige in China. Nicht nur die Armen, sondern auch hohe Beamte und sogar der Vizekönig in Kanton rauchten Opium. Das hatte auch wirtschaftliche Konsequenzen. Die Arbeitsleistung sank, die Ernteerträge gingen rapide zurück. Die Bestechlichkeit der Beamten nahm zu, denn sie verdienten zusammen mit den Engländern am besten am Drogenhandel. Bald drehte sich auch die Handelsbilanz um, und der Wert des eingeführten Opiums überstieg den der gesamten Exportwaren um das Vierfache. Um diese ruinöse Entwicklung zu stoppen, ließ Chinas Regierung 1839 die Opiumlagerhäuser der Briten von Truppen besetzen und erzwang dieHerausgabe des Opiums. Nachdem es in der Folgezeit zu weiteren Zusammenstößen kam, schickte London 1840 Truppen nach China – **der Erste Opiumkrieg** brach aus. Ziel der Briten war es, Opium, aber auch andere Industrieprodukte ohne Einschränkung in China verkaufen zu dürfen.

Dschunken gegen Handelsschiffe: Seeschlacht während des Ersten Opiumkrieges

Die Gegenwehr der Chinesen war relativ schwach, da viele der hohen Beamten insgeheim mit den Briten paktierten. So konnten die Engländer den Krieg 1842 für sich entscheiden. China musste Hongkong Island an Großbritannien abtreten, damit begann die britische Geschichte Hongkongs. Außerdem wurde das chinesische Kaiserreich verpflichtet, europäischen Kaufleuten Handelsvorrechte einzuräumen. Über die Einhaltung dieser Bestimmung kam es bald zu neuen Auseinandersetzungen, die zum **Zweiten Opiumkrieg** führten. Von **1856 bis 1860** wurde erneut gekämpft, wieder mussten die Chinesen kapitulieren und verloren auch das Gebiet des heutigen Stadtteils **Kowloon** an die Briten. Erst am **1. Juli 1997,** mit der Rückgabe Hongkongs an China, fand das mit dem ersten Opiumkrieg eingeleitete Kapitel britisch-chinesischer Geschichte sein endgültiges Ende.

Frühgeschichte

Um 4000 v. Chr. Das Gebiet des späteren Hongkong und das Perlflussdelta werden erstmals von Fischern bevölkert.
Ab 10. Jh. Während der Song-Dynastie (960-1279) besiedeln Bauern die Ufer des Perlflusses und die Inseln vor Hongkong.
14. Jh. Kantonesische Siedler, die Puntis, lassen sich in Hongkong nieder, später ziehen Angehörige vom Stamm der Hakka aus Nordchina hierher und am Ende der Ming-Dynastie (1368-1644) auch die Hoklos, die von der Piraterie leben.
16. Jh. Portugiesische Kaufleute treiben in der Gegend von Tuen Mun Handel. Für ihre Unterstützung beim Kampf gegen die Piraten wird den Portugiesen später Macao als Stützpunkt zugesprochen.
1575 Macao wird Bischofssitz, Jesuiten missionieren von hier aus in Südostasien.

Opiumkriege

1840-1842 Erster Opiumkrieg, (siehe Kasten). Die Briten siegen, und am
29. August 1842 wird der Vertrag von Nanking geschlossen, mit dem China Hongkong Island „für immer und ewig“ an Großbritannien abtritt.
1843 Hongkong wird zur britischen Kronkolonie.
1856-1860 Die Chinesen kapern das britische Schiff „Arrow“, was die ohnehin angespannte politische Lage eskalieren lässt. Der Zweite Opiumkrieg beginnt, nach erneutem Sieg wird den Engländern auch Kowloon zugesprochen.
1898 Ein chinesisch-britischer Pachtvertrag über die New Territories und die Inseln im Delta des Perlflusses – zusammen etwa 90 Prozent des Gesamtgebietes der Kronkolonie – wird abgeschlossen.
Er läuft bis zum **30. Juni 1997.**

Neuzeit

1937-1945 Während des Japanisch-chinesischen Krieges kommen viele Flüchtlinge nach Hongkong. Die Japaner besetzen Südchina und später auch Hongkong, viele Menschen fliehen nach Macao.
14. August 1945 Die Japaner kapitulieren in Hongkong.
1946 Der Opiumhandel wird verboten.
Ab 1950 Hongkong erlebt einen rasanten wirtschaftlichen Aufschwung und wird zu einem der führenden Handelszentren der Welt. Textil- und Elektroindustrie bilden die Grundlagen des Wirtschaftswachstums.
1956 London gewährt Hongkong wirtschaftliche und innenpolitische Selbstverwaltung.
1974 Kantonesisch wird zur zweiten Amtssprache.
1984 Großbritannien verpflichtet sich Hongkong 1997 an China zurückzugeben. China garantiert das Fortbestehen des Hongkonger Gesellschafts- und Wirtschaftssystems bis 2047.
1987 Die Rückgabe Macaos an China wird analog zu den Vereinbarungen über Hongkong beschlossen.

Letzter Gouverneur: Chris Patten bei einer akademischen Ehrung

1992 Chris Patten wird (letzter) britischer Gouverneur und stößt mit demokratischen Reformen auf wenig Gegenliebe in Peking.
1. Juli 1997 Ende der britischen Kolonialherrschaft.
20. Dezember 1999 Macao wird wie zuvor Hongkong Sonderverwaltungszone der VR China.
1. Juli 2003 Über 500 000 Menschen gehen in Hongkong für mehr Demokratie auf die Straße. Es ist die größte öffentliche Demonstration in der Geschichte Hongkongs, auch am **1. Juli 2004** fordern die Bürger erneut politische Reformen.

Demonstrieren für Demokratie: Hongkonger gehen auf die Straße

MERIAN-Stadtplan
HONGKONG
Kirche, Kloster
Tempel
Moschee
Theater
Museum
Denkmal
Markt
Zoo
Information
Botschaft, Konsulat
Bahnhof
MTR-Station
Cheung Sha Wan
Sham Shui Po
Shek Kip Mei
Yau Yat Tsuen
Kowloon Tong
Kai Tak Airport (außer Betrieb)
Airport Tunnel
Tai Kok Tsui
Mong Kok
Ma Tau Wai
Ma Tau Kok
Kowloon Yau Ma Tei
Ho Man Tin
King's Park
To Kwa Wan
Hung Hom
Kowloon Bay
New Yau Ma Tei
Typhoon Shelter
Sai Ying Pun
Kowloon City Ferry Pier
Hung Hom Station
Hong Kong Polytechnic
Kowloon Station
Toll Gate
City University of Hongkong
Kowloon Hospital
Queen Elizabeth Hospital
British Military Hospital
Kwong Wah Hospital
St. Teresa's Hospital
Kowloon Walled City Park
Kowloon Tsai Park
Ladies Market
Jade Market
Temple Street Market
Goldfish Market
Flower Market
Bird Market
Tin Hau Temple
Kun Yam Temple
Pak Tai Temple
Lei Cheng UK Museum
Meteorological Station
Nathan Road
Prince Edward Road West
Boundary Street
Waterloo Road
Argyle Street
Gascoigne Road
West Kowloon Highway
Tai Po Road
Lai Chi Kok Road
Kwun Tong Bypass

Vom raffiniert garnierten Apfeleis bis zum Designermobiliar: Die Felix Bar zeigt perfektes Styling

KOWLOON | TSIM SHA TSUI

(C 7) **Felix Bar im Peninsula**
Bei atemberaubendem Ausblick schlürft man seine Cocktails. Bis hin zum Design der Toilettenräume ist die Bar ein ästhetisches Glanzstück.
Peninsula Hotel, Salisbury Road
Tel. 23 15 31 88 €€€

(C 6) **Kam Kong**
Das Kang Kong befindet sich in einem fensterlosen Kellergeschoss, dies ändert aber nichts an der Qualität der ausgezeichneteten und preisgünstigen Sezuan-Küche. Spezialitäten sind Ente, Fischgerichte und – wer es mag – Froschschenkel.
Basement 53, 63 Peking Road
Tel. 23 67 34 34
11-23 Uhr €€

(C 7) **Peking Garden**
Pekingente ist Spezialität des Hauses – die ganze ist für 40 Euro zu haben. Empfehlenswert sind aber auch alle Fisch- und Entengerichte sowie die Dim Sums. Wer einen Platz am Fenster ergattert, sieht auf den Clock Tower und die Star Ferry.
Star House, Tel. 27 35 82 11
11.30-15.00, 17.30-23.30
So ab 11 Uhr €€

(C 6) **Wang Loong Court**
Zwei Stockwerke unter der Erde liegt der große Speisesaal, in dem beste kantonesischen Speisen zu fairen Preisen serviert werden. Zum Lunch sind die Dim Sums, zum Dinner die ausgezeichneten gegrillten Garnelen zu empfehlen.
Lower Level 2 im Kowloon Hotel, 19-21 Nathan Road
Tel. 27 34 37 22 *tgl. 11-15*
18-23.30 Uhr €€€

HONGKONG ISLAND | CAUSEWAY BAY

(E 9) **MoonGarden TeaHouse**
Mit Antiquitäten eingerichtetes Teehaus, in dem über 70 Sorten probiert werden können – auch ein 60 Jahre alter Pu-Erh-Tee für 45 Euro pro Tasse. Zum Essen kleine täglich wechselnde Karte.
5 Hoi Ping Rd., Causeway Bay
Tel. 28 82 68 78
12-24 Uhr €€

CENTRAL

(A 8) **Grand Stage**
Tanzcafé im Obergeschoss des Western Market, in dem sich vor allem Chinesen mittleren Alters zum Tanztee treffen.
Western Market, 323 Des Voeux Rd., Tel. 28 15 23 11
14.30-18 und 19-24 Uhr €€

(A 8) **Yung Kee Restaurant**
Bei Einheimischen beliebtes kantonesisches Restaurant, das sich über mehrere Stockwerke erstreckt. Mutige können sich an tausendjährigen Eiern oder Krokodilfüßen und zum Dessert an der süßen Suppe aus doppelt ausgekochtem Störkopf mit Zuckerrohr versuchen. An Wochenenden besser reservieren.
32-40 Wellington Street
Tel. 25 22 16 24
11-23.30 Uhr €€

STANLEY

(D 14) **Murray House**
Das neoklassizistische Gebäude wurde 1843 als Kaserne der britischen Armee erbaut – allerdings an anderer Stelle, nämlich in Central, dort wo heute das Hochhaus der Bank of China steht. 1980 wurde es Stein für Stein abgetragen und an den Strand von Stanley versetzt. Vier gute Restaurants haben hier eröffnet: Das El Cid Caramar (Tel. 28 99 08 58, tgl. 12-14.30, 18-24 Uhr) bietet spanisches Essen, Chili N Spice (Tel. 28 99 01 47, Mo-Sa 12-23.30, So 11-23 Uhr)) Tex-Mex Küche und im Wildfire (Tel. 28 13 60 60, tgl. 11.30-22.30 Uhr) kommen italienische Leckereien auf den Tisch. Außerdem bietet die King Ludwig Beerhall (Tel. 28 99 01 22, tgl. 12-24, Fr, Sa bis 1 Uhr) genug Biersorten, um jedes Heimweh zu ertränken.

MACAO

(a 3) **Restaurante Litoral**
Mittelmeer-Flair in Fernost: Im Litoral wird nicht nur portugiesisch gekocht, auch die Atmosphäre versetzt einen augenblicklich nach Südeuropa. Besonders gut: die Riesengarnelen und die Currykrabben.
261 A Rua do Almirante Sérgio
Tel. 96 78 78
12-15, 18-23 Uhr €€

(b 4) **Oparium Cafe**
Jeder, der glaubt, Macao hätte nur Spielcasinos zu bieten, sollte hier oder in einer der benachbarten Kneipen vorbeischauen. „The Docks" heißt die Gegend nahe der Kun-Iam-Statue, wo zahlreiche Bars und Restaurants am Wasser liegen. Hier kann man bei Bier und Wein aufs Meer schauen, eine Kleinigkeit essen, oft wird Live-Musik gespielt.
Avenida Baia Nova
Tel. 83 84 25
tgl. 12-2 Uhr €€

>Weitere Restaurant-Adressen finden Sie auf der Rückseite des Faltplans.

MERIAN | TIPP

Auf den Spuren von Suzie Wong

Hongkongs Nachtleben ist legendär. Rund um die Uhr kann man trinken, essen, tanzen. Das bekannteste Vergnügungsviertel ist **Lang Kwai Fong** im Stadtteil Central. Es besteht zwar nur aus wenigen schmalen Gassen, in der D'Aguilar Street und ihren Nebenstraßen reiht sich aber eine Kneipe an die andere. Am Rande von Lang Kwai Fong liegt auch der berühmte Fringe Club – eine Mischung aus Kneipe, Konzertbühne und Kulturzentrum. Beliebt ist die Gegend vor allem bei Ausländern und Hongkonger Yuppies. Zweites Zentrum des Nachtlebens ist **Soho**, die Gegend „South of Hollywood Road". Die Chancery Lane und die Peel Street bilden das Zentrum von Soho und den Weg dorthin legt man am besten mit dem Mid-Level Escalators zurück. (s. auch S. 42) Das trubelige **Wan Chai** wurde berühmt durch den Romanklassiker „Suzie Wong" von Richard Mason. Die schummrigen Seemannskneipen, die Mason beschrieb, sucht man heute allerdings vergebens, dafür sind in der Cluster Street und der Lockhart Road trendige Discos und Restaurants der Nouvelle Cuisine zu Hause. Im Stadtteil **Causeway Bay** ist vor allem die Gegend um den Times Square für Nachtschwärmer interessant. Hier mischen sich „Late-Night Shopper" mit Kneipenbummlern. Auch auf der Nathan Road, der „Golden Mile" von **Tsim Sha Tsui** kann man sich bis spät nachts dem Kaufrausch hingeben, in Nebenstraßen wie der Ashley und der Canton Road stößt man schnell auf interessante Kneipen und Restaurants.

Wo das Publikum so cool ist wie das Design: die Pebbles Bar in der Wyndham Street in Soho

nige Schritte von der Star Ferry entfernt. Einige Räume werden im Jugendherbergsstil vermietet, ein Bett in einem Vierer-Zimmer kostet ca. 30 Euro.
41 Salisbury Road
Tel. 22 68 78 88
Fax 27 39 93 15
www.ymcahk.org.hk
373 Zi. €€

HONGKONG ISLAND

CAUSEWAY BAY

(E 8) Alisan Guest House
Empfehlenswert für Rucksackreisende, die eine einfache, aber saubere Übernachtungsmöglichkeit suchen, gut gelegen nahe dem Victoria Park. Internetzugang kann kostenlos genutzt werden.
275 Gloucester Road, Eingang via Cannon Str. (neben dem Royal's Pub), Flat A 5/F, Hoi To Court, Tel. 28 38 07 62
Fax 28 38 43 51
alisangh@hkstar.com
21 Zi. €

(E 8/9) Noble Hostel
Sauber und einfach sind die Zimmer mit kleiner Dusche in diesem Hostel, das im 7. und 17. Stock eines Wohnhauses liegt. Das Personal ist freundlich und spricht zum Teil Englisch, ideal für Reisende mit kleinem Budget, die trotzdem zentral wohnen möchten.
27 Paterson Street (Eingang zwischen Max Mara und Armani Exchange), Great George Building, Flat A3, 17/F
Tel. 25 76 61 48
Fax 25 77 08 47
info@noblehostel.com.hk
40 Zi. €

CENTRAL

(B/C 9) Conrad
Das zur Hilton-Kette gehörende Conrad hat seine Räume zwischen dem 41. und 61. Stock des Pacific Palace – und bietet einen hervorragenden Blick über Hongkong. Große, komfortable Zimmer.
Pacific Place, 88 Queensway
Tel. 25 21 38 38
Fax 25 21 38 88
www.conradhongkong.com
511 Zi. €€€€

(A/B 8) Mandarin Oriental
Vom Sultan von Brunei über Prinz Charles bis zu Roger Moore und Sir Peter Ustinov sind hier schon unzählige Berühmtheiten abgestiegen. Die Gänge des Hotels, in denen Originalkunstwerke ausgestellt werden, sind fast ein kleines Museum. Die Zimmer allerdings sind in preisgünstigeren Hotels mindestens ebenso gut (und groß).
5 Connaught Road
Tel. 25 22 01 11
Fax 28 10 61 90
www.mandarinoriental.com
541 Zi. €€€€

WAN CHAI

(D 9) The Charterhouse
Angenehmer Service zum günstigen Preis. Allerdings sind die Zimmer etwas klein und unterhalb des 11. Stocks geht der Blick oft auf Beton. Wen das nicht stört, der ist hier gut aufgehoben, die Lage zwischen den Stadtteilen Wan Chai und Causeway Bay ist äußerst praktisch, das hoteleigene Gazebo Restaurant bietet ein üppiges Frühstücksbuffet.
209-219 Wan Chai Road
Tel. 28 33 55 66, 25 91 00 00
Fax 28 33 58 88
www.charterhouse.com
277 Zi. €€€

(C/D 9) Harbour View International House
Das zum YMCA gehörende Haus liegt direkt am Meer. Deswegen lohnt es sich auch, den kleinen Aufpreis für ein Zimmer mit Meerblick zu bezahlen. Obwohl das Haus vom YMCA betrieben wird, hat man es hier nicht mit einer Jugendherberge zu tun, sondern mit einem guten Mittelklassehotel, in dessen Zimmern Fernseher, Internetanschluss und Telefon zum Standard gehören.
4 Harbour Road
Tel. 28 02 01 11
Fax 28 02 90 63
www.harbour.ymca.org.hk
320 Zi. €€

MACAO

(a 3) Hotel East Asia
Eines der günstigsten Hotels der Stadt und in seiner Klasse eines der besten und saubersten. Die Lage nahe des Hafens ist ideal für Touren in die Stadt.
Rua de Madeira No. 1 A
Tel. 92 24 33, Fax 92 24 31
98 Zimmer €

(b 3) Hotel Guia
Saubere Zimmer und angenehmer Service. Das Hotel liegt nahe dem Guia-Leuchtturms. Ideal für ruhesuchende Gäste, kostenloser Bus ins Zentrum.
1-5 Estrada do Egenheiro Trigo
Tel. 51 38 88, Fax 55 98 22
guia@macau.ctm.net
90 Zimmer € *bis* €€

(a 4) Pousada de São Tiago
Eine Oase der Ruhe in zentraler Lage: Im 17. Jahrhundert wurde die Fortaleza de São Tiago von den Portugiesen zum Schutz vor Feinden und Piraten errichtet. Heute erinnern daran noch die Kanone am Eingang und das Granitgewölbe, das jeder Gast auf dem Weg zur Rezeption durchquert. In historischem Ambiente werden Gäste mit dezentem Luxus und aufmerksamem Service verwöhnt. Von den mit Antiquitäten im portugiesischen Stil eingerichteten Zimmern haben einige Blick aufs Meer. Kleiner Pool und sehr gutes Restaurant mit Terrasse unter 200 Jahre alten Kampferbäumen.
Avenida da República
Fortaleza de São Tiago da Barra
Tel. 37 81 11, Fax 55 21 70
www.saotiago.com.mo
24 Zi. €€€

(b 3) Hotel Sintra
Die zentrale und trotzdem ruhige Lage nahe dem Casino Lisboa macht das Mittelklassehotel attraktiv. Die relativ großen Zimmer wurden kürzlich in Pastellfarben renoviert.
Avenida de D. Joao IV
Tel. 71 01 11, Fax 51 05 27
www.hotelsintra.com
240 Zi. €€

Süße Verführung: die Confiserie im Mandarin Oriental Hotel

(b 4) Hyatt Regency
Modernes Luxushotel auf der Insel Taipa. Drei ausgezeichnete Hotelrestaurants servieren kantonesisches, portugiesisches oder macanesisches Essen. Gute Sport- und Wellnessmöglichkeiten.
2 Estrada Almirante Marques Esparteiro, Taipa, Tel. 83 12 34
Fax 83 01 95
www.macau.hyatt.com
326 Zi. €€€

(b 4) The Westin Resort
Luxuriöse Anlage direkt am Hac-Sa-Strand, der weit und breit schönsten Badebucht. Alle Zimmer haben eine große Terrasse und Meerblick. Pool und Golfplatz auf dem Gelände.
1918 Estrada de Hac Sa Coloane, Tel. 87 11 11
Fax 87 11 22
www.westin.com
208 Zi. €€€€

>> Die Planquadrate mit kleinen Lettern (a 3) beziehen sich auf die Macao-Karte im Faltplan

Strand
Golfplatz
Flughafen
Naturparkgrenze
Naturpark
Escalator
© MERIAN-Kartographie
Victoria Harbour
Tsim Sha Tsui
Tsim Sha Tsui East
Hong Kong Island
Chung Wan (Central)
Sheung Wan
Wan Chai
Tung Lo Wan (Causeway Bay)
Tai Hang
So Kon Po
Pau Ma Tei (Happy Valley)
Jardine's Lookout
Pak Kok (North Point)
Shan Teng (The Peak)
Cross Harbour Tunnel
Causeway Bay Typhoon Shelter
Star Ferry Pier
Kowloon Public Pier
Ocean Terminal
China Ferry Terminal
Macao Ferry Terminal
Hung Hom Ferry Pier
North Point Ferry Pier
Wan Chai Ferry Pier
Hong Kong Convention & Exhibition Centre
Royal Hong Kong Yacht Club
Noon Day Gun
Victoria Park
Hong Kong Stadium
Happy Valley Race Course
Peak Tower
Peak Tram
Hong Kong Park
Zoological and Botanical Gardens
Nathan Road
Kowloon Park Drive
Salisbury Rd.
Connaught Road
Des Voeux Road
Queen's Road
Hennessy Road
Gloucester Road
Harcourt Rd.
Lockhart Road
Victoria Park Road
Causeway Rd.
King's Road
Electric Road
Java Road
Eastern Corridor
Island Eastern Corridor
Wong Nai Chung Road
Tai Hang Road
Stubbs Road
Peak Road
Gap Road
Magazine Gap Road
Kennedy Road
Macao
Tsing Yi, Tsuen Wan
Tuen Mun, Tai O
Discovery Bay
Mui Wo, Cheung Chau, Peng Chau
Yung Shue Wan, Sok Kwu Wan
Kwun Tong
Western Harbour Crossing
0
300 m
A
B
C
D
E
F
G
6
7
8
9
10

Sehenswert Hongkong Island

Sehenswert Kowloon

Sehenswert Inseln und New Territories

Märkte

HOTEL-LEGENDEN

Das Erbe des Empire

Nobel, stilvoll, britisch: The Peninsula ist seit 75 Jahren Hongkongs erste Adresse

Unzählige Prominente haben hier schon logiert und sich von dem einmaligen Luxus dieses Hauses verwöhnen lassen. „The Pen" ist Hongkongs ältestes Hotel und schon seit der Eröffnung vor mehr als 75 Jahren eine Legende. Zahlreiche Auszeichnungen hat das Peninsula schon eingeheimst, wobei es oft nur darum ging, ob es „eines der besten Hotels der Welt" oder „das Beste" ist. Aushängeschild des Hauses ist die Peninsula Suite: 370 Quadratmeter stehen dem privilegierten Gast zur Verfügung, ein eigener Balkon hoch über dem Straßenlärm und eine riesige Fensterfront, die den Blick auf die Skyline von Hongkong Island freigibt, sind inbegriffen. Eine Augenweide ist der Swimmingpool, der einem römischen Bad nachempfunden ist.
Auch die Hotelrestaurants werden in den höchsten Tönen gelobt. Das bekannteste ist das Gaddi's mit exquisiter französischer Küche und einer außergewöhnlichen Weinkarte, auf der noch einige Kostbarkeiten aus dem Jahre 1928, dem Eröffnungsjahr des Peninsula, zu finden sind. Hier haben schon Ava Gardner und Clark Gable gespeist und getanzt. Letzterer war es auch, der den Hotel-Barkeeper Johnny Chung zur Berühmtheit machte. Während der Dreharbeiten zu „Soldier of Fortune" 1953 bestellte Gable bei Chung einen „Screwdriver". Dieser Cocktail war in Hongkong bis dato unbekannt: Chung brachte dem Filmstar deshalb tatsächlich einen Schraubenzieher. Gable verriet daraufhin sein Rezept, und mit dieser „Screwdriver"-Mischung arbeitet Johnny Chung noch heute in der Hotelbar. Auch wer nicht im Peninsula absteigt, sollte sich auf keinen Fall die Teatime in der prunkvollen Lobby entgehen lassen. Zwar kann es sein, dass man schon mal eine Stunde auf einen freien Platz warten muss, die kleinen Toasts und Kuchen nach englischer Art belohnen die Mühe, außerdem gewinnt man hier einen interessanten Einblick in Hongkongs illustre weibliche High Society.

Könige und Filmstars kommen und gehen – das Peninsula bleibt

(C 7) Salisbury Road, Tsim Sha Tsui
Tel. 29 20 28 88, Fax 27 22 41 70
www.peninsula.com
300 Zi., davon 54 Suiten €€€€

Die Lobby des Harbour Plaza Metropolis bietet einen Panorama-Blick auf Hongkongs Skyline

KOWLOON | HUNG HOM

(F 6) **Harbour Plaza Metropolis**
Ausgesuchter Luxus, Internetanschluss und Fax auf dem Zimmer. Von den zum Meer gelegenen Räumen hat man einen fantastischen Blick auf die Skyline von Hongkong Island. Beeindruckend auch der Freiluftpool im 7. Stock. Regelmäßiger Shuttlebus ins Stadtzentrum.
7 Harbour Plaza Drive
Tel. 31 60 68 88
Fax 31 60 69 99
www.harbour-plaza.com/hpme
690 Zi. €€€

TSIM SHA TSUI

(C 5) **Eaton**
Mittelklassehotel mit Spitzenservice, saubere Zimmer und ein gemütliches Restaurant, in dem man sein Frühstück sogar draußen einnehmen kann – für Hongkong ein echter Luxus. Günstig gelegen an der geschäftigen Nathan Road nahe Temple Street Night Market.
380 Nathan Road
Tel. 27 82 18 18
Fax 27 82 55 63
www.eaton-hotel.com
468 Zi. €€

(C 5) **New Lucky House**
Eine Alternative zu den berühmt-berüchtigten Chungkong Mansions: Acht kleine Guesthouses sind hier untergebracht, die allesamt sauber und empfehlenswert sind. Das beste unter ihnen ist das **Hakkas Guesthouse** im 3. Stock, Tel. 27 70 14 70. Ebenfalls im dritten Stock liegt das **Hilton Guesthouse**, Tel. 27 70 13 63, das preislich sogar etwas günstiger ist. Sehr beliebt ist auch das **Ocean Guesthouse** im 11. Stock, Tel. 27 82 64 41, das Gästen sogar Fernseher in den einfachen Räumen bietet.
300 Nathan Road / Ecke Jordan Road €

(C 6) **The Kowloon**
Das zur Peninsula-Gruppe gehörende Kowloon liegt direkt hinter dem „echten" Peninsula in einer der besten Lagen des Stadtteils. Die Zimmer sind klein, aber für Geschäftsreisende optimal ausgestattet. Aufpreis für Meerblick.
19-21 Nathan Road
Tel. 29 29 28 88
Fax 27 39 98 11
www.thekowloonhotel.com
736 Zi. €€€

(C 7) **The Salisbury – YMCA**
Vergessen Sie alles, was Sie über Jugendherbergen wissen: Das YMCA in Hongkong ist ein ausgezeichnetes Mittelklassehotel mit Pool, Restaurant und Fitnesscenter. Ideal ist die Lage, direkt neben dem Peninsula Hotel und nur we-

MERIAN

Heft 12/2004, Dezember, Erstverkaufstag dieser Ausgabe ist der 18.11.2004
MERIAN erscheint monatlich im Jahreszeiten Verlag GmbH, Poßmoorweg 5, 22301 Hamburg
Tel. 040/27 17-0, Fax 040/27 17-20 56 **Anschrift der Redaktion:** Harvestehuder Weg 42, 20149 Hamburg
Postfach 130444, 20139 Hamburg, E-Mail: Redaktion@Merian.de, Tel. 040/441 88-231, 441 88-240
Fax 040/441 88-310 **Website:** www.merian.de **Leserservice:** Postfach 601220, 22212 Hamburg
Tel. 040/87 97 35 40, Fax 040/27 17 - 20 79 **Syndication:** www.jalag-syndication.de
GourmetPictureGuide: Stefanie Lüken, Tel. 040/271 720 02, Fax 040/27 17 20 89, www.gourmetpictureguide.de

Herausgeber: Manfred Bissinger
Chefredakteur: Andreas Hallaschka
Art Directorin: Sabine Lehmann **Chef vom Dienst:** Tibor M. Ridegh
Redakteure: Kathrin Sander, Charlotte von Saurma, Thomas Gebhardt (freie Mitarbeit), Thorsten Kolle (freie Mitarbeit)
Redakteurin dieses Heftes: Kathrin Sander **Schlussredaktion:** Tibor M. Ridegh, Jasmin Wolf (stv.)
Layout: Cornelia Böhling, Ingrid Koltermann, Dorothee Schweizer (stellv. Art-Direktorin)
Bildredaktion: Hanni Rapp, Michael Kleehaupt (freie Mitarbeit), Eva M. Ohms
Bildredakteurin dieses Heftes: Eva M. Ohms **Kartographie:** Peter Münch
Dokumentation: Jasmin Wolf, Andrea Wolf (freie Mitarbeit)
Mitarbeit: Helmut Golinger, Thomas Voigt, Babett Walter **Herstellung:** Karin Harder
Redaktionsassistenz: Sabine Birnbach, Katrin Eggers, Sabine Richter (freie Mitarbeit)
Geschäftsführung Premium Magazine: Peter Rensmann **Verlagsleitung Premium Magazine:** Oliver Voß
Gesamt-Anzeigenleitung: Roberto Sprengel **Anzeigenleitung:** Christel Janßen
Anzeigenstruktur: Patricia Hoffnauer **Marketing:** Kenny Machaczek, Ulrich Rieger, Sonja Wünkhaus
Vertriebsleitung: Jörg-Michael Westerkamp (Zeitschriftenhandel), Thilo Heller (Buchhandel)
Verantwortlich für den redaktionellen Inhalt: Andreas Hallaschka
Verantwortlich für Anzeigen: Roberto Sprengel

Verlagsbüros Inland:
Hamburg: Tel. 040/27 17-25 95, Fax -25 20, E-Mail: vb-hamburg@jalag.de
Berlin: Tel. 030/80 96 23-60, Fax -70, E-Mail: vb-berlin@jalag.de
Hannover: Tel. 0511/85 61 42-0, Fax -19, E-Mail: vb-hannover@jalag.de
Düsseldorf: Tel. 0211/901 90-0, Fax -19, E-Mail: vb-duesseldorf@jalag.de
Frankfurt: Tel. 069/97 06 11-0, Fax -44, E-Mail: vb-frankfurt@jalag.de
Stuttgart: Tel. 0711/966 66-520, Fax -22, E-Mail: vb-stuttgart@jalag.de
München: Tel. 089/99 73 89-30, Fax -44, E-Mail: vb-muenchen@jalag.de

Repräsentanzen Ausland:
Basel: Intermag AG, Tel. +4161/275 46-09, Fax -10, E-Mail: info@intermag.ch
Frederiksberg: Jungersted & Brostrøm, Tel. +45/33 22-20 20, Fax -9959, E-Mail: gitte.schuler@jbmedia.dk
London: The Powers Turner Group, Tel. +44 20/7630 99 66 Fax 76 30 99 22, E-Mail: cweiss@publicitas.com
Mailand: Media & Service International Srl, Tel. +39 02/48 00 61 93, Fax 48 19 32 74, E-Mail: info@it-mediaservice.com
Paris: International Magazine Company, Tel. +331/53 64 88 91, Fax 45 00 25 81, E-Mail: imc@international.fr
Madrid: C/. Pedrezuela, Tel. +34 91/326 91 06, Fax -91 07, E-Mail: ambp@retemail.es
Wien: Verlagsbüro Kepreda, Tel. +43 1/87 71 78-2, Fax 877 87 11, E-Mail: 1@kepreda-jahreszeitenverlag.at
New York: The Russell Group Ltd., Tel. +12 12/213 11-55, Fax -60, E-Mail: info@russellgroupltd.com

Die Premium Magazin Gruppe im Jahreszeiten Verlag

Gülige Anzeigenpreisliste: Nr. 37d

Preis im Abonnement im Inland monatlich 6,37€ inklusive Zustellung frei Haus. Der Bezugspreis enthält 7% Mehrwertsteuer. Auslandspreise auf Nachfrage. Postgirokonto Hamburg 132 58 42 01 (BLZ 200 100 20)
Commerzbank AG, Hamburg, Konto-Nr. 611657800 (BLZ 200 400 00)
Führen in Lesemappen nur mit Genehmigung des Verlages. Printed in Germany

Weitere Titel im Jahreszeiten Verlag: Für Sie, petra, vital, PRINZ, A&W Architektur & Wohnen, COUNTRY, DER FEINSCHMECKER, WEINGourmet, schöner reisen, ZuhauseWohnen, SelberMachen
Litho: Alphabeta Druckformdienst GmbH, Hamburg. Druck und Verarbeitung: heckel GmbH, Nürnberg, schlott Gruppe
ISBN: 3-7742-6912-2, ISSN 0026-0029 MERIAN (USPS No. 011-458) is published monthly. The subscription price for the USA is $ 110 per annum. K.O.P.: German Language Publications, Inc., 153 South Dean Street, Englewood NJ 07631. Periodicals postage is paid at Englewood NJ 07631, and at additional mailing offices. Postmaster: send address changes to: MERIAN, German Language Publications, Inc. 153 South Dean Street, Englewood NJ 07631.

JAHRES ZEITEN VERLAG
Ein Unternehmen der
GANSKE VERLAGSGRUPPE

Raffaele Celentano fotografierte Hongkongs abendliche Skyline vom Victoria Peak aus

Bildnachweis

Anordnung im Layout: o=oben, u=unten, r=rechts, l=links, m=Mitte. Titel: Archivio Raffaele Celentano/laif; S. 3 lo Michael Müller, lm Justin Guariglia/Contact Press Images, ru Grischa Rüschendorf; S.4/5 R.Celentano Archivo/laif; S.4 m Michael Wolf; S.5 o Preben Kristensen/laif, m G.Rüschendorf, ru Guido Cozzi/Atlantide; S.8 o Form Asia Books, m Superbild, Panorama-Stock, ru Yang Liu/Corbis, u Michael Wolf/Visum; S.10 o, u Hong Kong Tourism Board; m dpa; S.12 o, u J. Guariglia/Contact Press Images; S. 16/17 Karl Johaentges/look; S. 18/19, 20 Andreas Hub/laif; S. 21 R. Ian Lloyd/Masterfile/Zefa; S. 22/23 Thomas Linkel/laif; S. 24/25 Walter Hodges/Corbis; S. 26/27 Monica Gumm/White Star; S. 28/29 Gerhard Joeren/Agentur Anzenberger; S. 30 Thomas Haltner/FAN; S. 33 G. Rüschendorf; S. 34/35 R.Ian Lloyd/Masterfile/Zefa; S. 37 bis 40 Archivio R.Celentano /laif; S. 44 bis 47, 51 Michael Wolf; S.52 Patrick Frilet/Hemisphere; S. 54/55 M. Wolf/laif; S.56 bis 59, 61 G. Rüschendorf; S. 60 Superbild/Panorama-Stock; S.63 G. Rüschendorf; S.64 A.Hub/laif; S. 65 bis 68 M.Wolf; S.70/71 James Marshall/Corbis; S.72 o, 74/75, 77 Edward Stokes; S.72 u, 73 Guido Cozzi/Atlantide; S.76, 78/79, 80 G.Rüschendorf; S.82/83 obere Reihe, Bild 1,2,4, untere Reihe Bild 1,3 Ira Chaplain/Sinopix/laif, ob. Reihe Bild 3, unt. Reihe Bild 2 Verena Lugert; S.84/85 Massimo Borchi/Atlantide; S.86 Richard Jones/Sinopix/laif; S. 87 v.o.n.u. Bild 1,3,4 M. Borchi/Atlantide, Bild 2 Phillipp Engelhorn; S.88/89 Manfred Mehlig/Huber; S.99 Preben Kristensen/laif; S.91 v.o.n.u. Frank Schroeter/Visum, R.Jones/Sinopix/laif, Fausto Giaccone/Agentur Anzenberger; R.Jones Sinopix/laif; S. 92 P.Engelhorn; S. 94/95 Raffaele Celentano/laif; S. 100 bis 104 G. Rüschendorf; S. 107 Hong Kong Tourism Board; S.110 M.Borchi/Atlantide; S.112 Holger Leue; S. 113 M.Borchi/Atlantide; S.114 Th.Linkel/laif; S.115 R.Ian Lloyd/Masterfile/Zefa; S.116 o M.Borchi/Atlantide, u Gareth Brown/Corbis; S.118 R.Jones/Sinopix/laif; S.118/119 Michele Westmorland/Corbis; 119 u m, Borchi/Atlantide; S.120 A. Hub/laif; S.120/121 Robert Haidinger, Ag. Anzenberger; S.121 u M.Borchi/Atlantide; S.122 lm Hulton-Deutsch Collection/Corbis, rm Setboun/Corbis, ru R. Jones/Sinopix/Rex; S.126 G. P. Reichelt/White Star; 126/127 Caroline Krüger/Fan; S.127 A.Hub/laif; S.128 or, ol Monica Gumm/White Star, u M. Wolf; S.130 l Peter Barritt/Alamy/Strandperle; or Roberd Hardinger/Alamy/Strandperle; mr Tony Steiunhardt/Strandperle

Berühmt: Die Golden Gate Bridge, Wahrzeichen von San Francisco

Berauschend: Der Half Dome im Nationalpark Yosemite bietet einen fantastischen Ausblick

Bewegend: Ob skaten oder surfen, Venice Beach ist das Fitness-Mekka

Zuletzt erschienen:

November 2004

Oktober 2004

September 2004

August 2004

Juli 2004

Juni 2004

Kalifornien

Aus dem Inhalt dieses Heftes:

- Los Angeles: Zu Fuß durch die Auto-Hauptstadt
- Nationalparks: Alles über Kaliforniens große Naturparadiese
- Casinos: Das späte Glück der Indianer
- Exil: Auf den Spuren von Feuchtwanger und Thomas Mann
- Aussteiger: Hippieträume an der wilden Küste
- San Francisco: Die schönste Stadt Amerikas

Die nächsten Ausgaben von MERIAN sollten Sie nicht verpassen: Slowenien, Berlin, Zypern, Katalonien, Island Abotelefon 040-87 97 35 40 oder www.merian.de